Gert Kähler

Wie gewohnt?

Ein Buch um das Wohnen für die Sekundarstufe II

Herausgegeben von der Akademie der Architektenkammer Hessen/Rolf Toyka und der Architektenkammer Nordrhein-Westfalen

Ernst Klett Schulbuchverlag Leipzig
Leipzig Stuttgart Düsseldorf

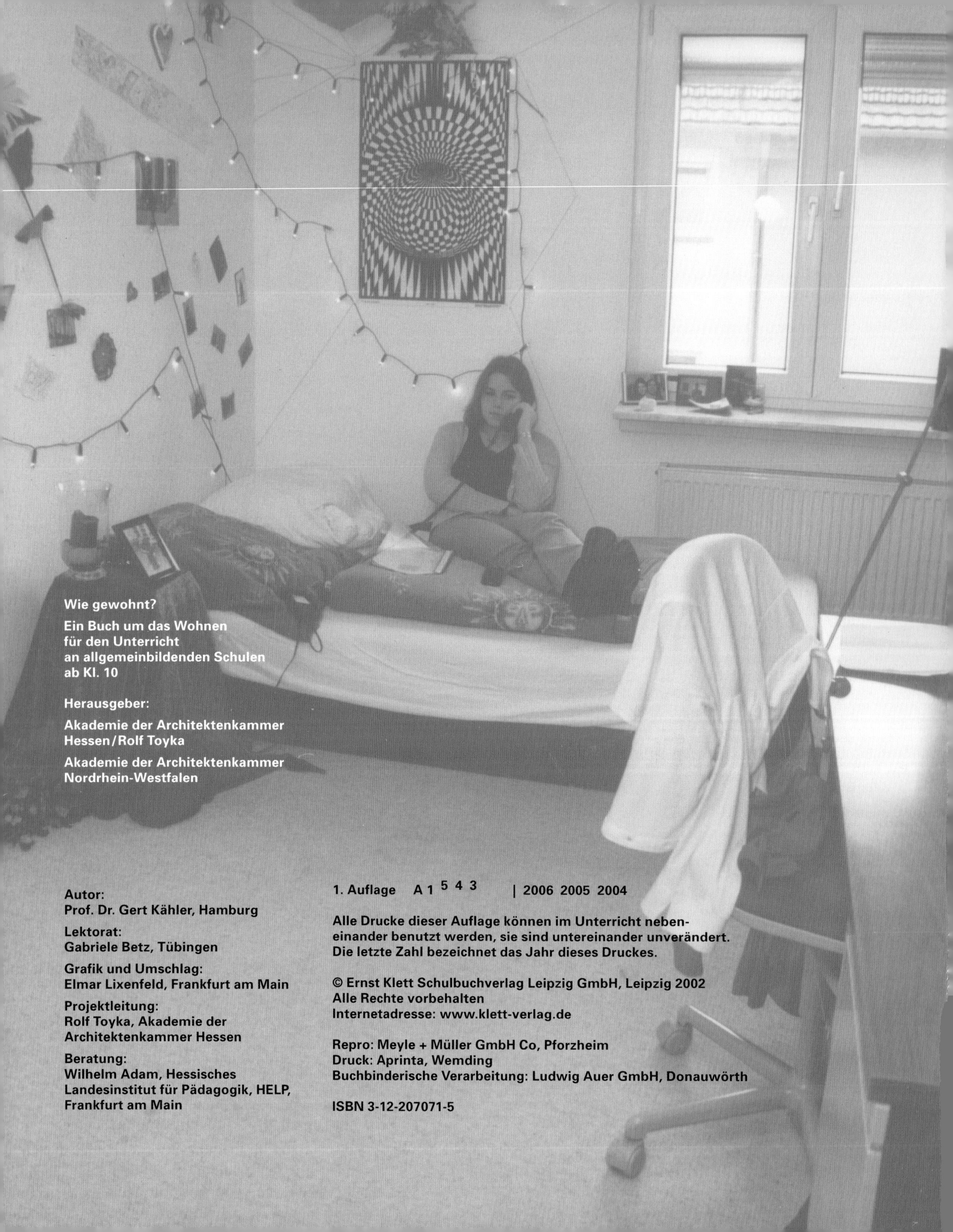

Wie gewohnt?

**Ein Buch um das Wohnen
für den Unterricht
an allgemeinbildenden Schulen
ab Kl. 10**

Herausgeber:

**Akademie der Architektenkammer
Hessen/Rolf Toyka**

**Akademie der Architektenkammer
Nordrhein-Westfalen**

Autor:
Prof. Dr. Gert Kähler, Hamburg

Lektorat:
Gabriele Betz, Tübingen

Grafik und Umschlag:
Elmar Lixenfeld, Frankfurt am Main

Projektleitung:
Rolf Toyka, Akademie der
Architektenkammer Hessen

Beratung:
Wilhelm Adam, Hessisches
Landesinstitut für Pädagogik, HELP,
Frankfurt am Main

1. Auflage A 1 5 4 3 | 2006 2005 2004

Alle Drucke dieser Auflage können im Unterricht neben-
einander benutzt werden, sie sind untereinander unverändert.
Die letzte Zahl bezeichnet das Jahr dieses Druckes.

Internetadresse: www.klett-verlag.de

Repro: Meyle + Müller GmbH Co, Pforzheim
Druck: Aprinta, Wemding
Buchbinderische Verarbeitung: Ludwig Auer GmbH, Donauwörth

ISBN 3-12-207071-5

Inhalt

Vorwort

Wir alle wohnen in Häusern und Städten, die von privaten oder öffentlichen Bauherren errichtet werden. Das ist die gebaute Umwelt, in der wir uns Tag für Tag bewegen. Das macht sie einerseits spannend; das heißt aber auch, dass wir uns ihr nicht entziehen können. Sie lässt sich nicht wie ein schlechtes Buch in den Bücherschrank sperren, wie eine leiernde Musik einfach abstellen oder wie ein verunglücktes Bild kurzerhand von der Wand holen.

Gute Architektur stellt einen Beitrag zur Baukultur dar. Sie prägt den öffentlichen Raum in maßgeblicher Art und Weise. Städtebau und Architektur gehen uns alle an.

Umso erstaunlicher erscheint es, dass in unserer demokratischen Gesellschaft immer noch so wenig öffentlich über Fragen im Zusammenhang mit Architektur und Städtebau gesprochen wird und gleichzeitig die Möglichkeiten der individuellen Einflussnahme z.B. im Rahmen der städtebaulichen Planung kaum genutzt werden. Über Literatur, Musik und Kunst, so scheint es, wird viel intensiver debattiert. Viele Bürgerinnen und Bürger vermögen über ein Bauwerk kaum mehr zu sagen, als dass es ihnen gefällt oder nicht; das Urteil wird meistens »aus dem Bauch heraus« getroffen. Das Zusammenspiel von Konstruktion, Nutzbarkeit, Wirtschaftlichkeit, Ästhetik, die notwendige Nachhaltigkeit im Bauwesen oder gar die Vorgänge im Planungsgeschehen und die gesellschaftspolitischen Abhängigkeiten sind nur wenig bekannt. Die meisten von uns haben kein »Werkzeug« an die Hand bekommen, um mit geschultem Blick und entsprechendem Grundwissen eine städtebauliche Lösung, ein Bauwerk, eine Freiflächen- oder Innenraumplanung mit nachvollziehbaren Qualitätskriterien beurteilen zu können.

Genau hier setzt dieses Buch an, das von der Akademie der Architektenkammer Hessen und der Architektenkammer Nordrhein-Westfalen initiiert und herausgegeben wurde. Nichts ist naheliegender, als das Thema der Baukultur in die Schule zu tragen, um die Nutzer und auch die potenziellen Bauherren von morgen zu informieren und sie gleichzeitig zu motivieren, sich entsprechendes Know-how zu erarbeiten. In diesem Buch geht es darum, das Interesse an einer Auseinandersetzung mit der gebauten Umwelt zu wecken, die Wahrnehmung zu sensibilisieren, ganz konkret Einblick in das Planungsgeschehen mit seinen verzweigten Abhängigkeiten zu gewinnen und gleichzeitig über die Aufgaben und Pflichten von Stadtplanern/Architekten/Landschaftsarchitekten/Innenarchitekten zu informieren.

»Schön ist ein Haus, das unserem Lebensgefühl entspricht. Dieses verlangt: Licht, Luft, Bewegung, Öffnung.«

Siegfried Giedion:
Befreites Wohnen, 1929

Das Thema »Wohnen« geht uns alle an. Das »Sehen-lernen« bezogen auf die selbst genutzte Wohnung, das Wohnhaus und das Wohnumfeld soll trainiert werden. Mit Hilfe von Hintergrundwissen, das entweder über dieses Buch oder aber auch durch eigene Recherchen erworben wird, wird es möglich, ein sichereres und argumentativ belegtes Urteil über die Wohn-Umwelt zu fällen. So erkennt man auch deren jeweilige Stärken und Schwächen. Besonders wünschenswert wäre es, wenn die Schülerinnen und Schüler immer dann, wenn sie mit Lösungen nicht zufrieden sind, konstruktiv darüber nachdenken, wie sie innerhalb ihrer Möglichkeiten Verbesserungen erreichen können.

Dieses Buch stellt anhand von ausgewählten Teilaspekten und konkreten Beispielen sehr plastisch dar, wie spannend Architektur und Städtebau sind. Es regt dazu an, die Bedeutung dieser Themen bewusster wahrzunehmen. Architektur muss mehr sein als die Herstellung von Immobilien. Sie ist der Spiegel unserer komplexen Welt, in der wir uns möglichst behaglich einrichten wollen.

Wenn Sie bei der Beschäftigung mit dem Thema Wohnen und Städtebau/Landschaftsarchitektur/Architektur/Innenarchitektur Fragen haben, so empfehlen wir Ihnen, ergänzend die entsprechenden Internetseiten der Länder-Architektenkammern aufzurufen. Hier werden Sie vielfältige und hilfreiche Informationen finden. Wenn Sie darüber hinaus eine Architektin oder einen Architekten in die Gestaltung des Unterrichts einbeziehen wollen, so vermitteln Ihnen die Architektenkammern gerne Ansprechpartner in Ihrer Region.

Wir wünschen Ihnen viel Erfolg und vor allem auch viel Spaß bei der Beschäftigung mit dem Schulbuch »Wie gewohnt?«.

Prof. Gerhard Bremmer
Präsident der
Architektenkammer
Hessen

Hartmut Miksch
Präsident der
Architektenkammer
Nordrhein-Westfalen

Rolf Toyka
Leiter der Akademie
der Architektenkammer
Hessen

Noch ein Hinweis:

Im Text werden gekürzte Quellentexte zum Wohnen in den verschiedenen Zeiten zitiert. Die ausführlichen Texte, ergänzt um weitere Quellen, finden Sie im Internet unter www.akh.de und aknw.de.

zusätzliche
Texte unter
www.aknw.de
oder
www.akh.de

Was ist Wohnen?

»Wohnen ist als eine aktive Auseinandersetzung des Menschen mit dem Raum und dessen Einrichtung zu verstehen. Tiere können nicht wohnen. Auch ein Haus, in dem keine Menschen leben, gilt zu Recht als unbewohnt, mag die Wohnung noch so groß und mit noch so vielen Möbeln ausgestattet sein. Wohnen heißt schließlich nichts anderes als die Beziehung von Menschen zu Räumen und Dingen sowie die Begegnung der Menschen im Raume und mit Dingen.«

Adelheid von Saldern, 1997

Wohnen ist so notwendig wie das Atmen

Wohnen ist die „dritte Haut des Menschen"

Wohnen ist Privatheit und geht niemanden etwas an

Wohnen ist Einschränkung persönlicher Freiheit

Wohnen ist notwendiger Teil einer von Menschen gestalteten Umgebung

Wohnen ist nur eine Frage der Bequemlichkeit

Wohnen ist Mittel der Repräsentation – wie Turnschuhe

Wohnen prägt die Bewohner und verändert sie damit

Wohnen ist nur ein „Dach über dem Kopf"

Wohnen ist Heimat

Wohnen tut jeder

Wohnen hat viele Gesichter

Wohnen heißt, sich in eine gebaute Umgebung zu integrieren

Wohnen heißt, sich mit anderen auseinander zu setzen

Wohnen ist Aneignung von Raum

Wohnen ist schichtspezifische Zuordnung

Wohnen heißt, sich selbst zu verwirklichen

Keine Wohnung zu haben bedeutet, ausgegrenzt zu sein

Wohnen ist keine Tätigkeit

Wohnung und Stadt

Wohnung und Stadt

Flächen und Netze

Eine Wohnung – ein Mehrfamilien-Wohnhaus – viele Wohnhäuser: Alle zusammen bilden ein Stück »gebaute Gesellschaft«. Menschen, die nicht miteinander verwandt sind, sich nicht kennen, nehmen eine Beziehung zueinander auf – nur weil sie im selben Quartier wohnen.

Eine Siedlung, ein Stadtquartier, eine Stadt besteht aber nicht nur aus Wohnungen. In der traditionellen Dorfgemeinschaft war jeder Hof Selbstversorger; erst langsam entwickelten sich Spezialisten für einzelne Tätigkeiten: Der Schmied, der den Pflug herstellen konnte, der Müller, der das Korn mahlte. Die *Stadt* aber bestand vom Beginn an aus »Spezialisten«: Handwerkern, Händlern, Kaufleuten. Eine städtische Gesellschaft ist arbeitsteilig organisiert, das heißt, zu einer funktionierenden Einheit gehört eine große Zahl von Versorgungseinrichtungen und technischen Systemen.

Eine Straße in Hamburg um 1900: nicht nur Verkehrsweg, sondern Ort städtischen Lebens

Die städtische Infrastruktur lässt sich nach »Flächen« und »Netzen« unterscheiden: Ein Geflecht aus unterschiedlichen Nutzungen, die in der Fläche wirken, verbunden und funktionsfähig gemacht durch Versorgungsnetze.

Man kann nach ihrer Funktion mehrere Kategorien von Einrichtungen der »Infrastrukur« unterscheiden.

a Grundversorgung, zum Beispiel	b Arbeitsorte, zum Beispiel	c Gemeinschaftseinrichtungen, zum Beispiel	d Freizeit und Kultur, zum Beispiel	e Verkehr, zum Beispiel	f Technische Versorgung, zum Beispiel
Einzelhandel (Lebensmittel)	**Fabrik**	**Kindergarten**	**Jugendzentrum**	**Fuß- und Fahrradwege**	**Wasser, Abwasser**
Supermarkt	**Verwaltung**	**Grundschule**	**Sporteinrichtungen, Schwimmbäder**	**Autostraßen**	**Strom**
Markt	**Büro**	**weiterführende Schule**	**Parks**	**schienengebundener Verkehr (Straßenbahn, U-Bahn, Eisenbahn)**	**Gas**
Kaufhaus	**Praxis**	**Berufsschule**	**Kino**	**Flughafen**	**Fernwärme**
	Handwerk	**Hochschule**	**Theater**	**Wasserstraßen**	**Kommunikation (Telefon)**
		Stadtverwaltung mit Rathaus	**Oper**		
		Polizei, Feuerwehr	**Konzertsaal**		
		Kirche	**Bibliothek**		
		Altenheim	**Museen**		
		Krankenhaus	**Gastronomie**		
		Müllentsorgung			
		Friedhof			

Wenn man die Liste genau betrachtet, stellt man fest, dass die Zuordnungen nicht eindeutig sind: Eine Straße kann neben ihrer Funktion als Verkehrsband auch Standort eines Straßencafés, also auch Freizeiteinrichtung und Arbeitsstätte sein. Fast alle Einrichtungen und Systeme haben nicht nur *eine* Funktion, sondern unterschiedliche Einzugsbereiche und Flächenansprüche.

Insgesamt ergibt sich ein ungeheuer komplexes System gegenseitiger Abhängigkeiten und Bedingungen, das die Stadt ausmacht.

Übung

Erstellen Sie in Arbeitsgruppen eine Bestandsaufnahme Ihres Quartiers/Wohnviertels. Zeichnen Sie die Einrichtungen und Versorgungsnetze in Karten ein und bestimmen Sie die unterschiedlichen Einzugsbereiche der Institutionen!

Dokumentieren Sie mit filmischen oder fotografischen Mitteln.

Wenn Sie ein Altbaugebiet untersuchen: Forschen Sie in Archiven nach historischen Fotografien, die (ähnlich wie die Abbildungen auf Seite 9 und 10) die arbeitsteilige Organisation des Viertels zeigen. Welche Gewerbe/Dienstleistungen sind heute noch da? Sind neue hinzugekommen? Befragen Sie junge und ältere Bewohner des Viertels nach ihrer Beurteilung des Wohnwerts.

Ende des 19. Jahrhunderts – die vielfältige Mischung von kleinem Gewerbe und Wohnen wurde im 20. Jahrhundert häufig durch Monostrukturen abgelöst.

(Foto: Heinrich Zille)

Privatheit und Öffentlichkeit

Die private Idylle als Chance der Selbstverwirklichung

Während sich in einem Dorf die Menschen gegenseitig kennen, weil sie zusammen auf begrenzter Fläche wohnen, kennt man in der Stadt Familie und Freunde, Schul- und Arbeitskollegen, die an ganz *verschiedenen* Orten leben können. An *einem* Ort wohnt eine Nachbarschaft – aber die Nachbarn müssen nicht zwangsläufig untereinander bekannt oder gar befreundet sein. Auch kennt man ganz viele Menschen in der Stadt gar nicht, verhält sich aber zu ihnen. Zum Beispiel stellt man sich in eine Gruppe, die einem Straßenmusiker zuhört. Oder man diskutiert die gestiegenen Lebensmittelpreise mit fremden Menschen in der Schlange im Supermarkt.

Diese Polarität städtischen Verhaltens beschreibt man als »Privatheit« und »Öffentlichkeit«. Sie macht städtische Gesellschaft aus, selbst wenn sich ihre Formen ständig verändern: Vor einhundert Jahren zog man sich einen guten Anzug an, wenn man »in die Stadt ging«, heute ist für viele auch der Jogginganzug »gesellschafts-fähig«. Man bleibt den anderen Stadtbewohnern gegenüber anonym, obwohl man sich ihnen gegenüber an einem bestimmten Verhaltenskodex orientiert: Man verhält sich »zivilisiert«. Die Anonymität schafft Gleichberechtigung, weil man nur die Person sieht, nicht sein Bankkonto.

Dieses gesellschaftliche Modell, das nicht auf dem »Recht des Stärkeren«, sondern auf Regeln im Umgang miteinander beruht, hat seine Wurzeln bereits im antiken Griechenland, in der attischen »Polis«. Es hat sich bis heute ständig verändert, aber die Grundlagen sind über die Jahrhunderte gleich geblieben.

> **1. Wir verbinden mit der europäischen Stadt eine Hoffnung: Stadtluft macht frei. Die Attraktivität der europäischen Stadt ist gar nicht zu verstehen ohne die Perspektive der Emanzipation, die Hoffnung, als Städter ein besseres Leben führen zu können.**
> **2. Die europäische Stadt wird durch eine bestimmte Lebensweise charakterisiert, die wir urban nennen. Sie ist gekennzeichnet durch die Polarität von Öffentlichkeit und Privatheit, die Trennung von Wohnen und Arbeiten, ein gesittetes, zivilisiertes Verhalten.**
> **3. Gefäß, Ort und Symbol dieser Lebensweise und dieser Hoffnungen ist die Gestalt der europäischen Stadt. Das Bild von der traditionellen europäischen Stadtgestalt ist das dritte Element unseres Begriffes von der europäischen Stadt.**
>
> Walter Siebel, 1992

Die Beziehung von »öffentlich« und »privat« stellt also einen wichtigen Bestandteil von »Stadt« dar: Auf der einen Seite die Wohnung als der Rückzugspunkt des Privaten, wo man wie in einer Höhle geschützt ist, auf der anderen die »Stadt« mit öffentlichen Straßen, Plätzen und Parks, wo man als anonymer, gleichberechtigter, sich nach »zivilen« Regeln verhaltender Mensch Teil des »öffentlichen Lebens« ist, das den Charakter einer Stadt prägt.

Übung

Beschreiben Sie eine Folge von Räumen vom Privaten bis zum Öffentlichen anhand von Beispielen Ihrer Stadt.

Gibt es für verschiedene Grade des Öffentlichen räumlich-bauliche Entsprechungen? Wie ist der Zugang geregelt? Wie werden »Grenzen« deutlich gemacht?

Die Fabriken wachsen, dazwischen liegen Wohnhäuser: kurze Wege, aber schwere Umweltbelastungen am Ende des 19. Jahrhunderts am Beispiel der Schuckert Werke in Nürnberg, 1885

Übung

Beschreiben Sie anhand der historischen Abbildung der Schuckert Werke die einzelnen Entwicklungsschritte der Stadt Nürnberg zur industriellen Großstadt.

Welche Rolle spielt dabei die Eisenbahn? Wie findet der Nahverkehr statt?

Arbeitsort – Wohnort

Die Frage der Trennung von Arbeitsplatz und Wohnung hat das 20. Jahrhundert in städtebaulicher Sicht beherrscht. Bis zum Beginn der Industrialisierung im frühen 19. Jahrhundert waren in der Regel Arbeitsplatz und Wohnort identisch: Der Handwerker hatte seine Werkstatt im Haus, in dem er wohnte. Erst die Ablösung der Handarbeit durch die Maschine verkehrte diese Regel; die kostenintensive Maschine musste möglichst lange in Betrieb sein und war zu groß, als dass man sie im Hause haben konnte: Es entstand die Fabrik, das eigenständige »Haus für Arbeit«.

Eine Folge davon war, dass die Arbeiter von ihrem Wohnort dorthin gelangen mussten; der Weg von der Wohnung zur Fabrik wurde zum Problem wie auch die Emissionen der Fabriken: Lärm und Schadstoffe. Lagen die Fabriken im 19. Jahrhundert noch in der Nähe der Arbeiterwohnviertel, so ging das wegen ihrer wachsenden Größe am Ende des Jahrhunderts nicht mehr. Die Erfindung der Eisenbahn machte Öffentlichen Nahverkehr möglich und das Fahrrad war ein selbstverständliches Transportmittel für die Arbeiter. Allerdings waren ein bis zwei Stunden Anfahrtzeit zum Arbeitsplatz auch keine Seltenheit.

Die Fotomontage zeigt die Modernität des städtischen Verkehrs um 1900 – einschließlich eines utopischen Luftschiffes.

Die sinnvolle Lösung der Umweltprobleme war die Trennung von Industrie und Wohnort; sie wurde von fortschrittlichen Städtebauern seit etwa 1900 propagiert und zunehmend realisiert. Auch die großen Firmen und Verwaltungen mit Büroarbeitsplätzen mussten sich häufig am Stadtrand ansiedeln, weil ihre Größe den Maßstab der Stadt gesprengt hätte. Für diese sauberen Arbeitsplätze gibt es als Alternative beispielsweise das Hochhaus in der Stadt – aber das ist nicht überall durchsetzbar. In Frankfurt am Main veränderte es das Bild der Stadt vollständig.

Die City Nord in Hamburg – eine reine Bürostadt außerhalb des Zentrums, entstanden in den Sechziger- und Siebzigerjahren des 20. Jahrhunderts.

Frankfurt am Main – Inbegriff der Bürohochhausstadt in Deutschland

Zum Ende des 20. Jahrhunderts wurden große Firmenkomplexe zwar oft mit höherem architektonischen Anspruch, aber immer noch außerhalb der Stadt gebaut: Firma Braun in Melsungen.

(Architekten: W. Nägeli, Stirling + Wilford Ass., 1980 – 1990)

Die andere große, stadtverändernde Entwicklung begann mit dem Auto. Es veränderte durch seine gefährliche Geschwindigkeit die gemütliche Straße; die Fußgänger mussten geschützt werden. So entstand im Verlauf des 20. Jahrhunderts ein differenziertes System von der Fußgängerzone über die befahrbare Spielstraße, die Erschließungsstraße einer Wohnsiedlung, die Hauptverkehrsstraßen der Städte bis zu Bundesstraßen und Autobahnen – Trennung der Funktionen auch dort.

Beim Wohnen selbst schuf der wachsende Wohlstand seit der Gründung der Bundesrepublik mit einem zunehmenden Motorisierungsgrad auch der Arbeiterbevölkerung die Voraussetzung dafür, dass Wohngebiete immer stärker am Stadtrand oder gar außerhalb der Stadt angelegt wurden.

Heute haben wir eine grundlegend andere Situation hinsichtlich der Zuordnung von Wohn- zum Arbeitsort. Die Zahl der traditionellen Industriestandorte nimmt ab. Was an Fabriken neu entsteht, ist selten eine Gefahr für die Umwelt, sondern wird zum attraktiven Arbeitsort. Beispielsweise entstand in Dresden eine »gläserne Fabrik« für die Autoproduktion, die selbst für die »Arbeits-Zuschauer« eine Attraktion ist.

Im Büro hat der Computer die Arbeitswelt vollständig verändert; die großen Verwaltungen werden zunehmend durch Heimarbeitsplätze oder neue Organisationsformen der Büroarbeit verdrängt. Zwar liegt Deutschland bei der Zahl der computerisierten Heimarbeitsplätze im internationalen Vergleich noch zurück, aber in Großbritannien und den skandinavischen Ländern sind bereits etwa 15 % der Arbeitsplätze aus den großen Verwaltungsgebäuden ausgelagert. Dass das nicht eine nur positive Entwicklung ist, weil sie auch viele kommunikative Begegnungen in einem gemeinsamen »Arbeits-Haus« verhindert, sei ausdrücklich betont.

Die Ost-West-Straße in Hamburg: ein Durchbruch, der die gewachsene Stadt in den Sechzigerjahren durchtrennte und bis heute teilt

Übung

Die Trennung der Funktionen Wohnen, Arbeiten und Freizeit / Kultur wird heute kritisch bewertet.

Wo sehen Sie die Nachteile dieser Trennung? Stellen Sie Überlegungen an, wie sich das System der »Monofunktionalität« städtischer Einrichtungen – nicht nur der auf Seite 10 genannten – zugunsten größerer Vielfalt aufbrechen lässt!

Saubere Fabrik heute: die »gläserne Fabrik« in Dresden, ein Montagewerk der Volkswagen AG. Das Abholen eines Autos wird zum »Event«.

(Architekten: Henn Architekten und Ingenieure, 2002)

Wohnquartiere im Wandel

Eine Stadt und ihre Quartiere verändern sich ständig: Die Häuser altern, ihre Bausubstanz wird schlechter, die Mieten entsprechend niedriger, so dass sich die Bewohnerschaft verändert. Andere Bewohner ziehen andere Läden, andere Kneipen nach sich. Manche Quartiere werden abgewertet, andere durch Neubauten oder Umnutzungen beliebter.

Man kann eine Stadt nach ihrer Nutzung verschiedener Quartiere unterscheiden. Das ist eine Beschreibung der Stadt nach ihrem »Gebrauch«. Man kann die Stadt aber auch nach anderen Kriterien gliedern – nach dem Alter ihrer Stadtviertel, nach der Art der Bebauung (aufgelockert, dicht bebaut) oder auch nach dem Image, das manche Quartiere besitzen.

Marktplatz von Lemgo: Hier erfüllt der historische Marktplatz noch seine Rolle als Stadtmittelpunkt.

Übung

Zeichnen Sie von Ihrer Stadt oder einem Stadtausschnitt – auf der Grundlage eines vorhandenen Stadtplanes – einen Plan, in dem nur **die Grundflächen der Gebäude** schwarz angelegt werden (»Schwarzplan«).

Sie werden feststellen, dass es unterschiedliche »Muster« der Bebauung in einer Stadt gibt. Interpretieren Sie diese nach ihrem Alter und der Art der Bebauung!

Verfahren Sie in einem zweiten Plan umgekehrt, indem Sie die Freiflächen schwarz anlegen: Welche Straßenmuster ergeben sich und worin unterscheiden sie sich?

Übung

Es gibt Wohnviertel mit unterschiedlichem Image. Beschreiben Sie den **Charakter verschiedener Quartiere** in Ihrer Stadt!

Wie unterscheiden sich diese in der Art der Bebauung? Gibt es bestimmte Gegenden, die von spezifischen Bevölkerungsgruppen bevorzugt werden (Singles, Familien mit Kindern, Alte, Bürger ausländischer Herkunft usw.)? Welche Gründe könte es dafür geben?

Übung

Was macht Ihrer Meinung nach ein Stadtviertel zu einem »**Kiez**«, d.h. zu einem Gebiet mit einem eigenen, unverwechselbaren Charakter?

Man kann in den Städten unterschiedliche Wohnquartiere unterscheiden, die zu verschiedenen Zeiten gebaut sind und unterschiedlich zum Zentrum liegen. Im Zentrum und in einem Ring herum liegen häufig Altbauwohnungen mit schlechter Bausubstanz und niedrigen Mieten, die von sozial schwachen Mietern bewohnt werden. Andererseits gibt es im Zentrum auch Altbauviertel, die saniert sind und zu den besten und teuersten Wohnlagen in der Stadt gehören.

In einem zweiten Ring von Stadterweiterungen liegen die Viertel aus den Fünfziger- und den frühen Sechzigerjahren des 20. Jahrhunderts, häufig im sozialen Wohnungsbau errichtet und heute aus der Mietpreisbindung herausgefallen. Das sind meist Viertel mit einer intakten Sozialstruktur des Mittelstandes.

Am Stadtrand liegen zum Teil große »Trabantenstädte« aus den Sechziger- und Siebzigerjahren mit Sozialbauwohnungen, die heute aufgrund ihrer Bewohnerstruktur in Gefahr geraten, zu Quartieren mit besonderen sozialen Problemen zu werden – hier wohnen meist viele ausländische Mitbürger mit ihren Familien, viele Alleinstehende mit Kindern, viele Arbeitslose, weil diese Gesellschaftsgruppen Anspruch auf Sozialwohnungen haben.

Am äußeren Stadtrand liegen ausgedehnte Gebiete mit Einfamilienhäusern – freistehende, Reihenhäuser, Hausgruppen. Hier wohnt der »gut situierte« Mittelstand.

Altbauquartier am Rand der Innenstadt (Hamburg)

Übung

Entspricht Ihre Gemeinde/Stadt dieser Beschreibung?

Zeichnen Sie einen vereinfachten Stadtplan, in dem die Bauten nach Ihrem Alter unterschiedlich dargestellt werden! Besorgen Sie sich dazu Informationen vom Stadtplanungsamt.

Stadterweiterung der Fünfzigerjahre

(Hamburg-Hohnerkamp, Architekt: Hans Bernhard Reichow, 1953/54)

Stadterweiterung der Siebzigerjahre: Märkisches Viertel in Berlin

Kurt Tucholsky

Häuser

Mittleres Haus in der Köpenicker Straße, in der Avenue
des Ternes, am Harvesterhuderweg –
du bist vollgelebt.

Hinter deinen Tapeten hat sich Angelebtes versammelt,
nachts knistert es,
tagsüber dünsten dort hundert Leben aus,
mittleres Haus.

Kotdurchrieselt stehst du,
von Drähten durchzuckt,
ein lebendiger Leib;
oben fassen die Gabeln deiner Antennen in die Luft
und ziehen die
Musik heran, die Helferin der Gemeinheit;
mit Recht spannen sich die Radiotrapeze, auf denen
die Ätherwellen
turnen, auf dem Dach aus,
neben den Hypotheken –
denn wer könnte Hypotheken handeln,
ohne die abendliche Hilfe Beethovens!

Du bist nicht wie jene Hausgreise,
in denen das Mauerleben längst abgestorben ist;
tot ruht der Kalk,
die Wanzen weinen
und beißen, angefüllt mit Verzweiflung der Isoliertheit;
nichts mehr sagt die Treppe,
schweigsam ist die Tür wie ein gefalteter Greisenmund.
So alte Leute sagen nichts mehr –
sie haben zu viel gesehn.

Du bist ein mittleres Haus.

Du bist nicht wie die Neubauten, die Gefäße des Unglücks,
in deren weißgetünchte Schubschachteln der Mensch
hineinfällt,
hier seine Scheidung, seine neugebornen Kinder, seine
Malheurbriefe zu erwarten;
kindisch gluckert die Badewanne, das junge Ding,
albern blitzen die Klinken,
und tapsig stuckert der eben konfirmierte Fahrstuhl in
die Höhe und macht sich mausig –
wie mühsam ist es, ein so funkelnagelneues Behältnis
vollzuwohnen!
So junge Leute sagen nicht viel –
sie haben noch zu wenig gesehn.
In ihnen vergeben die Mieter ihre Kraft – seelische Trocken-
wohner.

Du bist ein mittleres Haus.

Du hast schon viel in dir gehabt, Mutter der Möbel,
aber noch nicht genug.
Empfang, schlürf ein, spei aus:
Jeder Umzug eine kleine Geburt.

Du bist grade dabei, zu leben.
Deine Rohre rauschen, es kocht in den Ausgüssen, es brodelt
im Badeofen.
Durch deine Steine sickert Weinen,
deine Ziegel schwitzen Elend aus
und gerinnendes Stöhnen der Komödien der Nacht.
Kalkiger Querschnitt!
Durchbrüllt vom Lärm der Wirtschaften,
vom sinnlosen Klingeln
und vom Quäken näselnder Phonographen!
Mancher wohnt oben in dir,
mittleres Haus.
Und abends,
wenn der Film der Geschäftigkeiten ruht,
steckt ein Hund seinen Kopf zum Fenster heraus,
ernsthaft wie Gottvater die Straßenwürmer betrachtend,
seine Pfote hat er aufs Fensterbrett gestellt –
das ist für ihn eine zweite Erde.

Mitteres Haus.

Gesellschaft im Wandel

Über die Entwicklungstendenzen der heutigen Gesellschaft in Deutschland kann man sich täglich in der Zeitung informieren:

Die Zahl der Einwohner sinkt, weil weniger Kinder geboren werden als Einwohner sterben. Deshalb werden zurzeit Modelle diskutiert, kontrolliert ausländische Arbeitnehmer mit ihren Familien zuziehen zu lassen.

Um den Geburtenrückgang jedoch wirklich auszugleichen, müssten sehr viele Einwanderer hinzukommen – mehr, als von der Gesellschaft akzeptiert werden und Arbeitsplätze vorhanden sind.

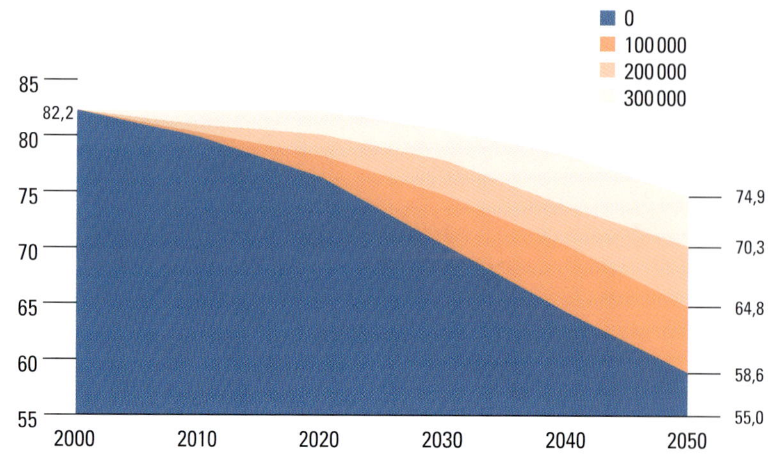

Quelle: Statistisches Bundesamt

Die Menschen werden immer älter, was zusammen mit der sinkenden Geburtenzahl dazu führt, dass der Anteil der jungen Menschen im Verhältnis zu den alten immer mehr abnimmt.

Ob die »Alten« tatsächlich als »alt« empfunden werden, ist zur Zeit noch nicht sicher; die medizinischen Möglichkeiten steigen, diese Bevölkerungsgruppe »fit« zu halten. Vermuten kann man, dass ältere Menschen in der Stadt stärker in Erscheinung treten. Sie werden immer weniger als »Alte« abgestempelt werden: Als zahlungskräftige Konsumenten hat sie schon heute die Werbung entdeckt.

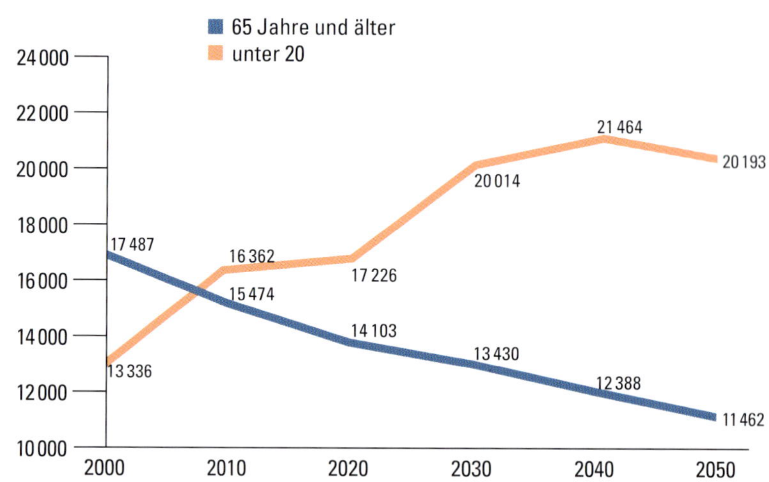

Quelle: Statistisches Bundesamt

Zahl und Größe der Haushalte verändern sich seit Jahren. Die »kinderreiche Familie« früherer Zeiten war das Ergebnis des Wunsches nach vielen Kindern – die bedeuteten auch zusätzliche Arbeitskräfte zur Sicherung des Familienunterhaltes – und fehlender Geburtenkontrolle.

Heute stellen sie stattdessen für viele eine finanzielle Belastung dar. Die Betonung individueller Freiheiten im Leben heißt auch, dass viele Menschen nicht mehr bereit sind, die mit Kindern verbundene Verantwortung zu übernehmen.

Entsprechend leben heute in vielen Großstädten bereits bis zu 50% der Menschen in Einpersonenhaushalten (»Singles«).

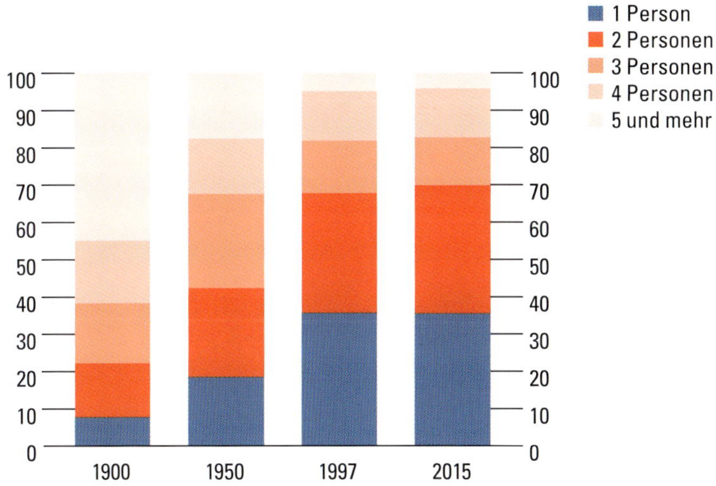

Quelle: I. Flagge (Hrsg.): Geschichte des Wohnens, Bd. 5, Stuttgart 1999

Die Arbeitswelt verändert sich permanent. Die Industriearbeit wird immer stärker automatisiert, und die Büroarbeit hat sich durch den Computer verändert. In Zukunft wird neben den bisherigen Arbeitsformen eine neue Generation von Selbstständigen heranwachsen, die flexibel, interdisziplinär, mit neuen Phasen von Arbeits- und Freizeit agiert.

Die Kluft zwischen wohlhabenden und armen Menschen in Deutschland nimmt weiter zu. Der neueste »Armuts- und Reichtumsbericht« der Bundesregierung, im Frühjahr 2001 vorgelegt, zeigt eine wachsende Ungleichverteilung der Vermögen: 1998 verfügte ein Zehntel der westdeutschen Haushalte über 42% der privaten Vermögen, 50% der Haushalte jedoch nur über 4,5%; in den ehemals neuen Bundesländern war der Abstand noch größer. Besonders bedrückend ist die Situation junger Menschen: 1,1 Millionen Kinder und Jugendliche leben von Sozialhilfe.

Die weiter auseinander klaffende Schere der Vermögensverteilung wird zu einer neuen Klassengesellschaft führen. Denn bestimmte, als erstrebenswert geltende Errungenschaften können nur mit Geld erworben werden.

Alle diese gesellschaftlichen Tendenzen haben mittelbar und unmittelbar Einfluss auf die Stadt, die Stadtviertel, auf das Wohnen. Die Stadt verändert sich ebenfalls – wie sie es immer tat.

Wenn die Bevölkerungszahl nicht mehr wächst, dann braucht man nicht »mehr« Stadt – gleich, ob es sich um Wohnungen oder andere Einrichtungen handelt; die Stadt der nächsten Jahre ist zum größten Teil also bereits heute gebaut, man muss sie nur intelligent nutzen.

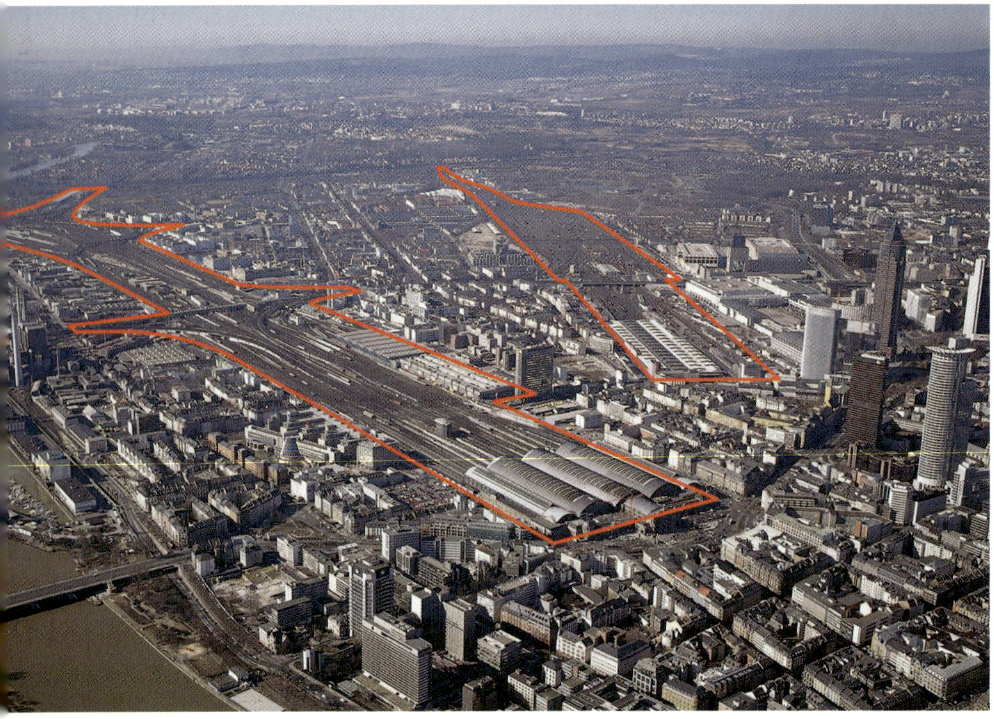

Stadterweiterungspotenzial nach innen: Bahngelände in Frankfurt am Main (oben), Gelände der »Hafen City« in Hamburg (unten).

Flächen wie diese zeichnen sich meist durch ihre unmittelbare Nähe zur Innenstadt aus.

Viele Städte in Deutschland haben eine neue Chance der Entwicklung, wie es sie seit ihrer Entstehung nicht mehr gab. Bisher war die einzige Möglichkeit eines Stadtwachstums die, sich um den vorhandenen Kern herum zu *erweitern.* Die Veränderung der industriellen Arbeitswelt und neue technische Möglichkeiten führen heute dazu, dass große innerstädtische Industrieareale aufgegeben werden können oder müssen – diese Flächen stehen für eine »*Erweiterung der Stadt nach innen*« zur Verfügung. Das gilt auch für frei werdende Bahnflächen, nicht mehr benötigte Militärgelände und für kleinteilige Hafenflächen, die zugunsten neuer, großflächiger Containerlagerflächen aufgegeben werden.

Übung

Untersuchen Sie Ihre Stadt (oder eine Stadt in Ihrer Nähe) nach innerstädtischen Flächen (»Brachen«), wie sie der Beschreibung entsprechen.

Wie werden sie heute genutzt? Welches Umfeld haben sie (Verkehrsinfrastruktur, andere städtische Nutzungen)? Welche Pläne hat die Stadtverwaltung mit ihnen? Entwickeln Sie in der Gruppe ein eigenes Umnutzungskonzept.

Wenn Sie in einer ländlichen Region leben: Gibt es dort vergleichbare Entwicklungen (z. B. ungenutzte Bauernhöfe)? Worin liegen die Unterschiede zur städtischen Entwicklung?

Gegenüber dieser Chance für eine Stadt, sich durch »Binnenverdichtung« zu vergrößern, muss man die anderen Stadtentwicklungstendenzen sehen, die es parallel, zum Teil in offenem Gegensatz dazu, gibt.

Das Wohnen innerhalb der dicht bebauten Stadtteile ist vor allem für junge Familien mit Kindern weniger attraktiv; seit Jahren gibt es eine Tendenz zum Auszug aus der Stadt an deren Rand, wo man im eigenen Einfamilienhaus die Verbindung von Natur, Eigentum und Sicherheit sucht. Wenn aber viele Menschen an den Stadtrand ziehen, dann folgt dem auch der Handel. Großflächige Einkaufszentren werden nicht mehr in den Zentren, sondern »auf der grünen Wiese« gebaut. Das hat einen Attraktivitätsverlust für die Zentren zur Folge, deren konsumkräftige Besucher ausbleiben. Gerade in den ostdeutschen Städten kann man diese Entwicklung beobachten.

Also: Auf der einen Seite sind die Städte für die nächsten 50 Jahre bereits gebaut: Das »Bauen im Bestand«, innerhalb der vorhandenen Bausubstanz, ist das ökologisch und ökonomisch Sinnvolle. Andererseits siedeln sich immer noch vorwiegend gerade die kaufkräftigen Mittelschichten am Stadtrand an. Daraus folgt, dass vorhandene Wohnungen in der Stadt entweder leer stehen – allein eine Million Wohnungen in Ostdeutschland sind nicht bewohnt. Oder in den Altbauvierteln der Zentren konzentrieren sich diejenigen Bevölkerungsschichten, die sich höhere Mieten nicht leisten können.

Einkaufszentren »auf der grünen Wiese« nehmen der Stadt Kaufkraft weg und sind ökologisch unsinnig, weil sie zusätzlichen Verkehr erzeugen und neue Flächen versiegeln.

Wohnungsleerstand in der Leipziger Innenstadt: Die Wohnbevölkerung wandert zu den Arbeitsplätzen ab, aber zieht an den Stadtrand.

Nur eine kleine, aber finanzkräftige Schicht von Menschen findet das Wohnen in den Stadtzentren attraktiv, grenzt sich aber häufig aus begründetem oder vermeintlichem Sicherheitsbedürfnis gegen die anderen ab (»Gated Communities«). Diese Abgrenzung findet auf verschiedene Arten statt; die Wohnung selbst kann man durch Portiers oder private Sicherheitsdienste schützen. Aber auch großflächige Einkaufszentren bis hin zu neuartigen »Urban Entertainment Centers« bilden privatrechtlich geschützte Räume, in denen nur zahlungsfähige Besucher erwünscht sind. Diese Einrichtungen spielen »Stadt«, ohne deren vermeintlich negative Erscheinungsformen einzulassen – keine Inline-Skater, keine Bettler, keine Straßenmusikanten.

Gerade wenn es immer mehr alte Menschen gibt, dann wird die Frage ihres subjektiv empfundenen Sicherheitsbedürfnisses besonders wichtig. Die Stadt würde stark auf ihre Ansprüche zugeschnitten, weil sie dann das größte Wählerpotenzial darstellen.

CentrO Oberhausen, das größte Einkaufszentrum in Deutschland: An der »Mall« wird kleinteilige Stadt gespielt, tatsächlich ist alles aus einer Hand gebaut – eine künstliche Stadt-Attrappe.

(Architekten: RKW Rhode, Kellermann, Wawrowsky, 1994–1996)

Übung

Versuchen Sie, die Beschreibung städtischer Entwicklungstendenzen am Beispiel Ihrer Stadt oder einer Stadt in Ihrer Nähe zu belegen oder zu widerlegen!

Dokumentieren Sie mit filmischen und / oder fotografischen Mitteln und fassen Sie die Ergebnisse in einer »Bestandsaufnahme« zusammen.

Zukunft des Wohnens

In Science Fiction Filmen kann man sie sehen, die zukünftigen Wohnwelten – oder genauer: Man kann sehen, was der heutige Filmarchitekt sich darunter vorstellt.

Die demografischen Komponenten der zukünftigen Entwicklung – sinkende Bevölkerungszahlen, größerer Anteil an älteren Menschen, höherer Anteil an aus dem Ausland Hinzuziehenden, schrumpfende Haushaltsgrößen, Veränderung der Arbeitswelt – sind nur in langen Zeiträumen zu ändern. Aus ihnen lassen sich für eine mittelfristige Prognose zwei wichtige Grundtendenzen ableiten: 90 % der Städte von morgen sind bereits heute gebaut; die Nutzung dieses Bestandes für das Wohnen, aber auch für alle anderen Bereiche ist volkswirtschaftlich und ökologisch notwendig. Und zum anderen: In Zukunft wird noch mehr als bisher eine »Flexibilisierung des Kopfes« gebraucht.

Vor einhundert Jahren gab es noch kein Telefon, kein Auto, kein Radio für jeden. Vor zwanzig Jahren gab es noch kein Faxgerät, kein Handy, kein Internet, keinen PC für (fast) jeden. Die technischen Revolutionen mit Geräten, die uns das Leben leichter machen sollen, folgen in immer kürzeren Abständen. Wer nicht mitkommt, wird zum Außenseiter. Das erfordert von jedem einzelnen eine auf eine sich ständig verändernde Umwelt ausgerichtete Anpassungsleistung.

Das schließt die gebaute Umwelt ein. Die Lebensdauer von Gebäuden verkürzt sich ständig, weil die Immobilienspekulation von »Global Players« kurzfristige Renditeperspektiven erfordert, und weil die sich ständig verändernde Bau-, Haus- und Kommunikationstechnik häufig den Abriss von Gebäuden sinnvoller macht als deren Umbau.

Der Vergleich zwischen früheren und heutigen Lebensformen zeigt, dass die früher vorhandene Konstanz der gebauten Umwelt im Verhältnis zum Individuum inzwischen fehlt. Diese war vor allem für die Psyche der Menschen wichtig. Denn Konstanz bedeutet das Gefühl von Sicherheit, die das Bekannte, Vertraute ausstrahlt.

Eine größere Anpassungsleistung jedes einzelnen an seine Umgebung – die gebaute wie die soziale wie die berufliche (auch dort wird täglich eine »größere Flexibilität« gefordert!) – ist anstrengend. Irgendwo möchte sich jeder davon ausruhen. Dafür bietet sich die Wohnung als der privateste Rückzugsort eines jeden an, als der Ort, wo man »mit dem Rücken zur Wand« steht. Die Konstanz der eigenen Wohnung und ihrer gebauten Umwelt ist für die meisten Menschen lebenswichtig, um nicht »ent-wurzelt« zu werden.

Für die Frage nach der Qualität zukünftigen Wohnens ist also nicht entscheidend, ob man das Licht »by voice« einschalten kann, sondern ob der einzelne und die Wohngruppe die jeweilige Wohnung als ausreichend vertraut und sicher empfindet. Damit werden ganz alte Fragen immer wieder neu gestellt – die Höhle des Steinzeitmenschen ist auch heute noch die Aufgabe für jede Wohnung ...

Einige Aspekte der Zukunft des Wohnens lassen sich mit einer großen Wahrscheinlichkeit prognostizieren. So wird die normale Wohnung für absehbare Zeit **in einer städtischen Agglomeration** liegen, wenn auch für viele Menschen das Wohnen mitten in der Großstadt nicht mehr attraktiv sein wird. Die Stadt im traditionellen Sinne wird zunehmend in kleinere, nicht öffentliche oder halb-öffentliche Quartiere zerfallen, wie man es in den USA mit ihren »Gated Communities« für Wohlhabende bereits heute sehen kann.

Die Architektur der Wohnhäuser, ihre ästhetische Erscheinungsform wird sich stärker an **ökologischen Aspekten der Energieeinsparung** orientieren und das selbstverständlich auch zeigen, so dass neue Bauformen entstehen. Das Prinzip aber ist nicht neu; ein altes Bauernhaus zeigt uns noch heute die perfekte Anpassung an die jeweilig vorhandenen Materialien, die Region, die klimatischen Bedingungen und die Funktionen des bäuerlichen Betriebes. Je geringer die Ressourcen, desto größer das ökologische Bewusstsein!

Und schließlich wird sich eine **stärkere Berücksichtigung unterschiedlicher Wohnanforderungen** durchsetzen müssen. Der traditionelle Grundriss addierter Einzelräume wird den wachsenden Anforderungen unterschiedlicher Wohn-Gruppen und sozialer Konstellationen nicht mehr gerecht. Die Altenwohngruppe, die noch selbstständig leben will, die offene Partnerschaft mit zwei Wohnungen – für alle Bedürfnisse müssen passende Wohnungen vorhanden sein. Denkbar ist, dass sich ein »System-Grundriss« stärker durchsetzt, der ein festes Gerippe an immer notwendigen Funktionen vorhält (Küche, Bad), darüber hinaus aber einfach und frei aufteilbar ist. Auch eine größere Vorfertigung von Bauteilen oder ganzen Raumeinheiten ist wahrscheinlich.

Was sich hingegen nicht vorhersagen lässt, das sind technische Erfindungen, die unser Leben verändern. Aber die Urinstinkte des Menschen gerade im Hinblick auf seine Wohnung – Sicherheit und Vertrautheit – werden bleiben. Auf die müssen die Architekten immer neue Antworten finden.

Einige Literaturhinweise

Andritzky, M. / Selle, G.: Lehrbereich Wohnen, 2 Bde. Reinbek 1977

Benevolo, L.: Die Geschichte der Stadt. Frankfurt/Main 1983

Benevolo, L.: Die sozialen Ursprünge des modernen Städtebaus. Gütersloh 1971

Häußermann, H. / Siebel, W. (Hrsg.): Stadt und Raum. Pfaffenweiler 1992

Harlander, T. (Hrsg.): Stadt im Wandel – Planung im Umbruch. Stuttgart, Berlin, Köln 1998

Hotzan, J.: dtv-Atlas zur Stadt. München 1994

Schäfers, B. / Wewe, G. (Hrsg.): Die Stadt in Deutschland: aktuelle Entwicklungen und Probleme. Opladen 1996

Sieverts, Th.: Zwischenstadt. Braunschweig, Wiesbaden 1997

Das erste Haus von Friedensreich Hundertwasser wurde 1982 in Wien gebaut. Hundertwasser dekoriert die Fassaden; er selbst ist kein Architekt. Was ein Mal sicher reizvoll ist, kann man sich als ganze Stadt nicht vorstellen. Inzwischen ist die »Hundertwasser-Architektur« zur industriellen Produktion verkommen und wird dem eigentlich gemeinten Ansatz der »individuellen Verwirklichung« nicht mehr gerecht.

»Ideale Wohnwelt« für die Bewohner sind auch die großen Wohnwagenparks. Allerdings wird die Möglichkeit der Bewegung, die der Wohnwagen suggeriert, meist nur theoretisch wahrgenommen: Viele stellen ihn auf festen Standplätzen ab und verwenden ihn so als »Wochenendhaus«.

Wohnen und arbeiten in einer Recycling-Architekturskulptur. Der Architekt Thomas Spiegelhalter realisierte 1993 im ehemaligen Hafengebiet von Breisach ein Haus aus aufgearbeitetem Bauschutt und remontierten Kieswerkelementen unter aktiver und passiver Nutzung der Sonnenenergie. Die Bauherren sind Kieswerkbesitzer und Profimusiker.

In Freiburg errichtete Architekt Rolf Disch 1993–1995 den »Heliotrop«: Ein Wohn- und Atelierhaus, das sich computergesteuert zur Sonne dreht und konsequent ökologische Prinzipien verwirklicht. Der Turm ist aus Holz konstruiert. Energieminimierung und Solartechnik führen zu einem Energieaufwand, der nur etwa einem Neuntel des Üblichen entspricht.

Wer im Glashaus wohnt … Dieses ungewöhnliche Haus in Stuttgart wurde von seinem Architekten-Ingenieur Werner Sobek als eigener Wohnort und gleichzeitig als Manifest zukünftiger technischer und ästhetischer Möglichkeiten gebaut: Vier Glaswände, autarkes Energiekonzept, äußerste formale Reduktion als Prinzip – nicht einmal Wasserhähne (durch Sensoren gesteuert) oder Lichtschalter (Touchscreen) gibt es. Wichtig: Die nächsten Nachbarn wohnen 500 m weiter weg.

Kurt Tucholsky

Das Ideal

Ja, das möchste:
Eine Villa im Grünen mit großer Terrasse,
vorn die Ostsee, hinten die Friedrichstraße;
mit schöner Aussicht, ländlich-mondän,
vom Badezimmer ist die Zugspitze zu sehn –
aber abends zum Kino hast dus nicht weit.

Das Ganze schlicht, voller Bescheidenheit:

Neun Zimmer, – nein, doch lieber zehn!
Ein Dachgarten, wo die Eichen drauf stehn,
Radio, Zentralheizung, Vakuum,
eine Dienerschaft, gut gezogen und stumm,
eine süße Frau voller Rasse und Verve –
(und eine fürs Wochenend, zur Reserve) –,
eine Bibliothek und drumherum
Einsamkeit und Hummelgesumm.

Im Stall: Zwei Ponies, vier Vollbluthengste,
acht Autos, Motorrad – alles lenkste
natürlich selber – das wär ja gelacht!
Und zwischendurch gehst du auf Hochwildjagd.

Ja, und das hab ich ganz vergessen:
Prima Küche – erstes Essen –
alte Weine aus schönem Pokal –
und egalweg bleibst du dünn wie ein Aal.
Und Geld. Und an Schmuck eine richtige Portion.
Und noch ne Million und noch ne Million.
Und Reisen. Und fröhliche Lebensbuntheit.
Und famose Kinder. Und ewige Gesundheit.

Ja, das möchste!

Aber, wie das so ist hienieden:
manchmal scheints so, als sei es beschieden
nur pöapö, das irdische Glück.
Immer fehlt dir irgendein Stück.
Hast du Geld, dann hast du nicht Käten;
hast du die Frau, dann fehln dir Moneten -
hast du die Geisha, dann stört dich der Fächer:
bald fehlt uns der Wein, bald fehlt uns der Becher.

Etwas ist immer.
Tröste dich

Jedes Glück hat einen kleinen Stich.
Wir möchten so viel: Haben. Sein. Und gelten.
daß einer alles hat:
das ist selten.

Wohnung
Haus
Architektur

Wohnung
Haus
Architektur

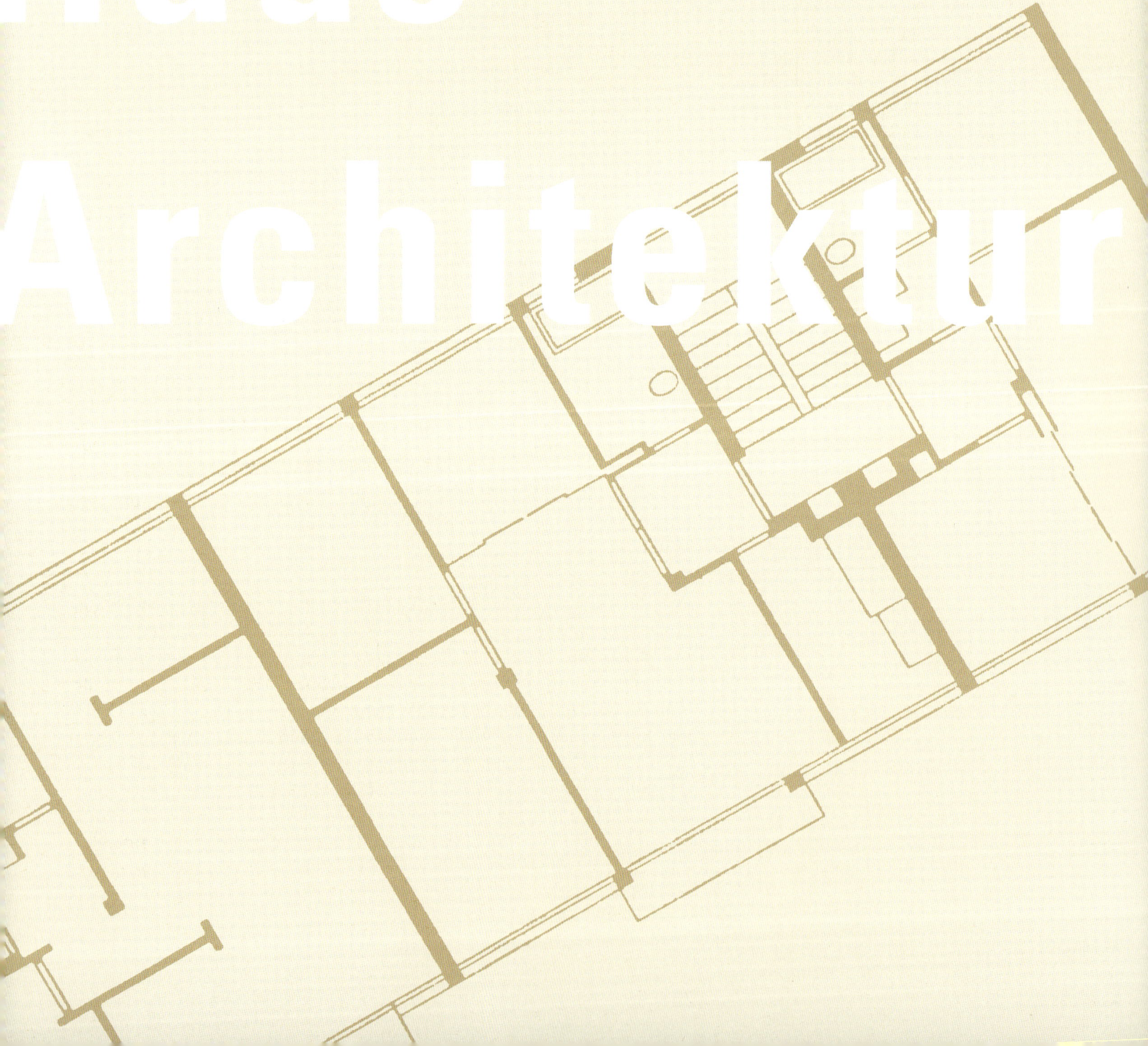

Ein Bagger kommt …

Ein Bagger kommt, eine Baustelle wird abgesteckt, ein Bauschild verkündet, hier werde eine »Wohnresidenz« für potente Käufer und glückliche Menschen gebaut. Oder Herr Freude mitsamt seiner Familie aus Frau und zwei Kindern ziehe hier demnächst in sein Reihenhaus ein. Oder die Wohnungsbaugesellschaft »Glücklicher Wohnen« baue für junge, nicht sehr finanzkräftige Familien Mietwohnungen im sozialen Wohnungsbau.

Ein alltäglicher Vorgang.

Aber es gibt beispielsweise auch Fernsehserien, die zeigen, wie schwierig die Sache mit dem Hausbau ist – die Wünsche der Hausfrau sind größer als das Budget des strebsamen Gatten, die Baufirma arbeitet schlampig, das Bauamt zeigt sich bürokratisch und unflexibel, der Architekt kümmert sich nicht um seine Baustelle.

Soweit die Klischees.

Wie alle Klischees stimmen die Vorurteile – bis zu einem gewissen Grade. Denn Bauen ist eine höchst komplexe Angelegenheit mit zahlreichen rechtlichen, technischen und finanziellen Aspekten und Fallstricken. Da man in der Regel nur einmal im Leben das eigene Heim baut, hat man als Bauherr von vielen dieser Aspekte keine Ahnung – wer kennt sich schon aus mit Finanzierung, Architektenvertrag, Bauordnung oder der Frage nach ökologisch verträglichen Baustoffen? Hinterher weiß man, was man alles hätte anders machen sollen, vor allem aber weiß man: Man hätte gleich einen Fachmann fragen sollen, zum Beispiel einen Architekten. Sicher ist, dass der Bau von Wohnungen immer noch ein bedeutender Wirtschaftsfaktor ist. Vor allem aber: Es ist etwas, das für alle Menschen wichtig ist.

Wer baut was für wen – und wer bezahlt?

Ein Wohnhaus soll gebaut werden. Wer aber baut eigentlich, wer ist der Bauherr? Das kann auf der einen Seite der Bauherr sein, der für sich und seine Familie baut – das freistehende Einfamilienhaus, das Reihenhaus, die Doppelhaushälfte, die Villa. Er baut, weil er »etwas Eigenes« haben will, in das ihm keiner hineinredet, er baut als Teil seiner Selbstverwirklichung.

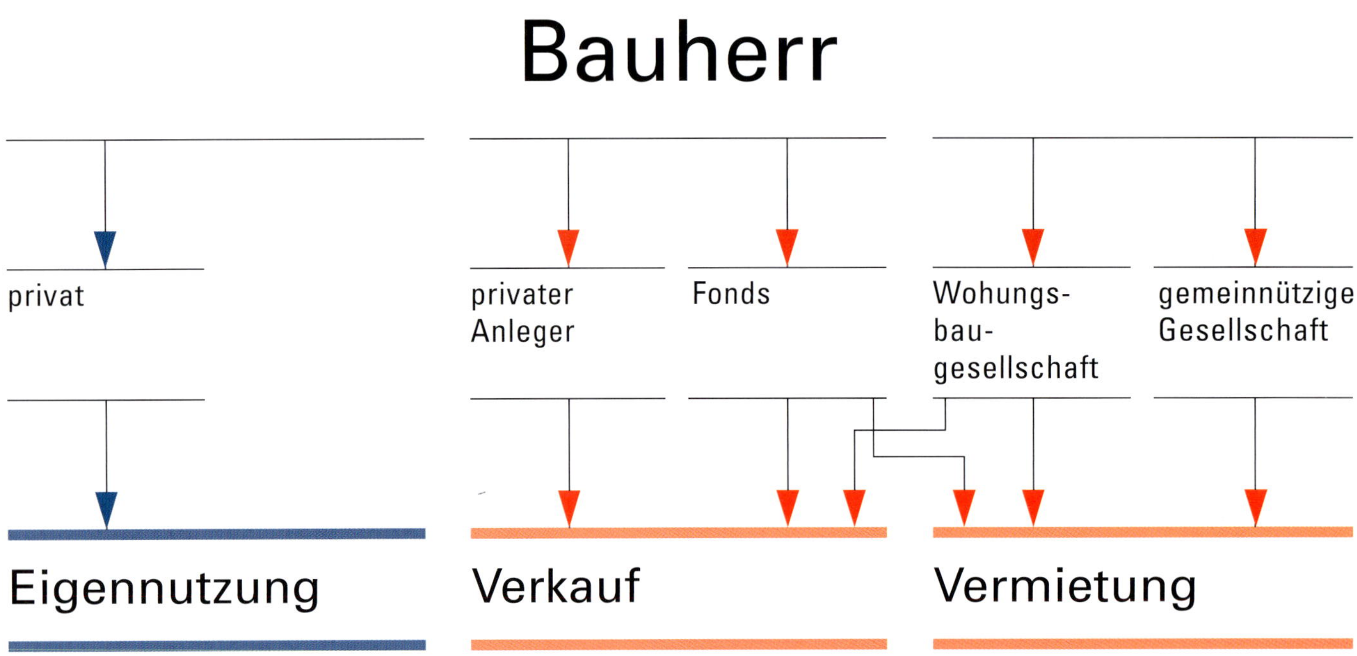

Auf der anderen Seite steht der Bauherr, der *für andere* baut. Der hat ganz andere Ziele: Entweder will er möglichst viel Geld mit einer Investition in den Wohnungsmarkt verdienen. Oder er will Geld möglichst sicher langfristig anlegen. Oder er verfolgt das soziale Ziel, auch einkommensschwächeren Bürgern eine vernünftige Wohnung zu bieten.

In jedem Fall wird das Haus des Bauherrn, der nicht für den eigenen Bedarf baut, anders aussehen als das desjenigen, der für sich selbst baut: Der eine muss Anforderungen verallgemeinern, weil er möglichst vielen gerecht werden will, der andere weiß – hoffentlich! – genau, was er will.

Die Bevölkerung Deutschlands lebt fast ausschließlich in Wohngebäuden, d.h. in Gebäuden, deren Gesamtfläche mindestens zur Hälfte zu Wohnzwecken genutzt wird. (...)

Mehr als die Hälfte der bewohnten Wohneinheiten befindet sich in Gebäuden mit drei und mehr Wohneinheiten. Der Anteil der vom Eigentümer selbst genutzten Wohneinheiten (die so genannte Eigentümerquote) hat sich zwar im Laufe der Jahre in Deutschland deutlich erhöht, liegt aber im europäischen Vergleich immer noch im unteren Bereich.

Nach wie vor wohnt daher der deutlich größere Teil der Haushalte in Deutschland zur Miete, nur ein ganz geringer Teil wohnt zur Untermiete. Die durchschnittliche Bruttokaltmiete pro Quadratmeter hat sich seit dem Jahr 1960 gut verzehnfacht. Zu dieser zählen dabei neben der Grundmiete auch die monatlich aufzuwendenden Beträge für Wasser, Kanalisation, Straßenreinigung, Müllabfuhr, Hausreinigung und -beleuchtung, Schornsteinreinigung, Hauswart, öffentliche Lasten, Gebäudeversicherung und Kabelanschluss. Nicht zur Bruttokaltmiete gerechnet werden Umlagen für Zentralheizung, Warmwasserversorgung, Garagenmiete, Untermietzuschläge und Zuschläge für Möblierung.

Die Bruttokaltmieten sind in Deutschland langfristig nicht nur absolut sondern auch relativ erheblich angestiegen. Das heißt: Die Haushalte müssen einen immer größeren Anteil ihres Einkommens für das Wohnen ausgeben.

Quelle: Statistisches Bundesamt 2001

vollständiger Text unter www.aknw.de oder www.akh.de

Die verschiedenen Wohnformen zwischen Mietwohnung in der Stadt und freistehendem Einfamilienhaus am Stadtrand resultieren aus unterschiedlichen Einkommens- und Vermögensverhältnissen und unterschiedlichen Bedürfnissen der Bewohner. Sie unterscheiden sich aber auch hinsichtlich Bauherrn und Finanzierung – und damit hinsichtlich der Interessen, die sich im Bau eines Hauses konzentrieren. Der *Mieter* will möglichst viel Komfort zu niedriger Miete, der *Bauherr* möglichst wenig Geld beim Bau ausgeben und eine möglichst hohe Rendite erzielen, der *Handwerker* will sein Auskommen haben. Alles nicht so einfach. Auf den folgenden Seiten werden drei Modellfälle dargestellt:

Fall 1

Einfamilienhaus

Die Gesamtkosten eines Neubaus setzen sich aus den *Kosten für das Grundstück* einschließlich der Erschließungskosten (z. B. Straßen- und Gehwegkosten, Strom-, Wasser- und Gasanschluss) und der Nebenkosten (Notar, Grundbucheintragung) zusammen. Dazu kommen die *Baukosten*, die die *reinen Baukosten* für die Errichtung des Hauses umfassen sowie die *Nebenkosten* für Architekt, Fachingenieure, Baugenehmigung und Außenanlagen.

Gesamtkosten

Grundstück

Baukosten

Erschließungskosten

Nebenkosten:
Notar
Grundbucheintragung

reine Baukosten

Rohbau
Ausbau

Baunebenkosten

Architektenhonorar
Kosten Fachingenieure
Baugenehmigung
Außenanlagen

Baukosten eines Wohnhauses
(ohne Grundstück)

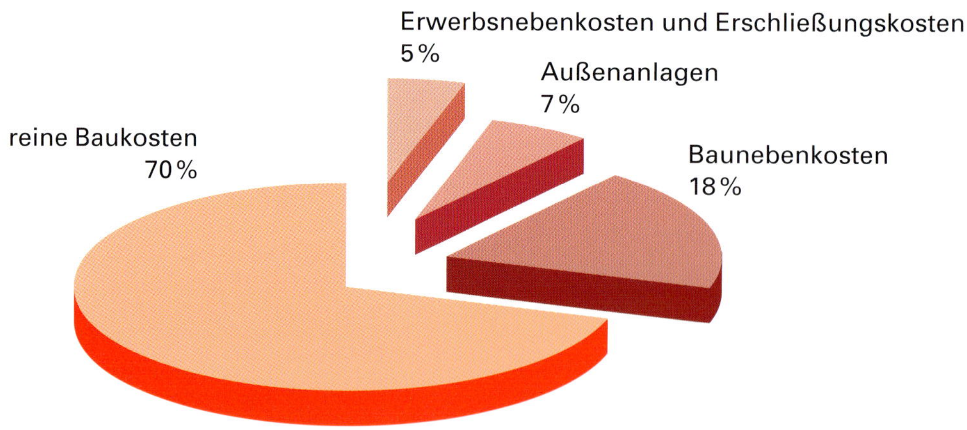

Diese Kosten sind in den verschiedenen Regionen Deutschlands sehr unterschiedlich. Der Preis für ein Grundstück in München liegt um ein Mehrfaches höher als der in einer ländlichen Gemeinde Thüringens – ein Ergebnis von Angebot und Nachfrage.

arkt

Geschäftshäuser · Anlageobjekte

Rheinland-Pfalz – Saarland

Herrliches Anwesen im direkten Einzugsbereich des Rhein-Main-Gebietes

Heute Kapitalanlage

Südliche Weinstr

Bad Bergzabe

WEIDNER WOHNUNGSB

Beuren – Hochwald

Sachsen – Sachsen-Anh

R 24 IMMOBILIEN-MARKT

1-Familien-Häuser

HANAU

Diese Lage ist mit Geld nicht zu bezahlen!

Reihenmittel- und Reihenendhäuser in zentraler Grünlage von Hanau.

Kaufpreise ab 234.300,– € für das schlüsselfertige Haus (inkl. Tapeten und Bodenbeläge)

•Niedrigenergiebauweise
•Hochwertige Ausstattung
•Südwest-Lage
•Provisionsfrei vom Bauträger

Den Kaufpreis zahlen Sie erst bei Übergabe!

Besichtigung Sonntag, 14 - 16 Uhr.

KELKHEIM (Taunus) - in nur 15 Min. in Ffm.

Christmann Immobilien GmbH

Neu-Isenburg/Herzogstraße

Fachwerktraum

Ein Blick in die Samstagsausgaben der Zeitungen zeigt, dass ein durchschnittliches Einfamilienhaus etwa 1300 € pro Quadratmeter Wohnfläche kostet – 900 €/qm wäre günstig, 3000 €/qm ist keine Ausnahme, und wenn man unbedingt an der Hamburger Elbchaussee wohnen will, dann kann man auch 6000 €/qm bezahlen. Eine vierköpfige Familie müsste also bei der durchschnittlichen Wohnfläche pro Person in Deutschland (knapp 40 qm/Person) etwa 160 qm für 200 000 € bauen – ohne Grundstück!

Das ist so viel Geld, dass es sich nicht viele Menschen leisten können. Also überlegen viele, woran sie sparen können:

an der Größe des Grundstücks → Das Grundstück schlägt mit rund 30 % der Gesamtkosten zusätzlich zu Buche;

am Preis des Grundstücks → Ein Grundstück am Stadtrand ist meist günstiger, dafür muss man aber höhere Kosten für die Fahrten zum Arbeitsplatz und in die Stadt berücksichtigen;

an den Nebenkosten → Der Verzicht auf den Architekten bedeutet aber auch den Verzicht auf das individuell auf die eigene Familie zugeschnittene Haus, das doch eigentlich der wichtigste Grund zum Bauen war;

an Material und Bauweise → Ohne genaue Kenntnisse ist das aber wenig empfehlenswert;

an der Finanzierung, denn geliehenes Geld ist teuer → Aber während man länger spart, um den Eigenkapitalanteil zu erhöhen, steigen die Bau- und Grundstückskosten auch;

oder spart man vielleicht doch, ganz grundsätzlich, am freistehenden Einfamilienhaus? Schließlich gibt es andere Bauformen: Doppelhäuser, Reihenhäuser, Eigentumswohnungen im Mehrfamilienhaus. Aber dann muss man Abstriche am ursprünglichen Wunsch nach der kleinen Villa im Grünen machen.

Die Ränder unserer Städte sind zersiedelt von Einfamilienhausgebieten. Die versprechen gute Luft, stabile soziale Umgebung, Sicherheit für die Bewohner – und lebenslange Hypotheken. Wenn sich aber jeder selbst verwirklicht, dann entsteht kein Bild einer Gemeinschaft.

Vielleicht sollte man doch jemanden fragen, der sich damit auskennt? Der Architekt kann sagen, an welchen Bauteilen wirklich Geld gespart wird, er kann einen Grundriss so organisieren, dass Material gespart, sinnvoll verwendet und Energiekosten im Betrieb des Hauses minimiert werden. Bei der Entscheidung, ob man sich einen Architekten leisten will, sollte sich jeder Bauherr vor Augen halten, dass der Gewinn an Individualität gegenüber den »Häusern von der Stange« beträchtlich ist. Schließlich ist das »Fertig«haus auch nicht ganz fertig; für die Planung der Fundamente, des Kellers und die Einholung der Baugenehmigung braucht man ohnehin einen Architekten. Und warum sollte man nicht das kreative Potenzial eines Fachmannes nutzen, der die spezifischen Wünsche und Bedürfnisse des Bauherren umsetzt?

Fall 2

Eigentumswohnung

Eine Alternative zum Eigenheim ist der Bezug einer fertigen Wohnung. Miete oder Eigentum? Auch das ist eine Entscheidung, die Für und Wider hat. In der eigenen Wohnung kann man machen, was man will – nachdem man sich mit den anderen Wohnungseigentümern abgesprochen hat. Aber sie kostet eben auch viel Geld. Andererseits geht die Mietzahlung an den Vermieter, während Zinsen und Tilgung eines Darlehens oder einer Hypothek in »etwas Eigenes« gesteckt werden. Wenn man aber flexibel sein möchte, womöglich öfter umziehen muss, dann ist die gemietete Wohnung eine vernünftige Alternative.

Für alle Formen das Wohneigentums – Einfamilienhaus oder Eigentumswohnung – gilt: Man muss sehen, wie man mit dem Geld zurecht kommt. Nehmen wir an, unser Haus für 200 000 € steht auf einem Grundstück, das noch einmal 50 000 € gekostet hat: Wo bekommt man eine Viertelmillion her? Die traditionelle Faustformel lautet: ein Drittel, ein Drittel, ein Drittel – nämlich 1/3 Eigenkapital, 1/3 erste Hypothek und 1/3 zweite Hypothek. Aber die Tradition ist heute keineswegs mehr die Regel.

Klar ist: Man braucht das Geld sofort; Grundstücksverkäufer und Handwerker wollen und können nicht warten. Einen Teil – nämlich das Eigenkapital – hat man sich erspart oder geerbt. Den Rest muss man sich leihen. Das bedeutet Zinsen und Rückzahlung.

Die Banken freuen sich, wenn man von ihnen Geld für Bau oder Kauf eines Hauses haben will; sie verdienen mit den Zinsen ihr Geld. Sie wollen aber Sicherheiten haben, nämlich einen Teil des Hauses – für den Fall, dass man seinen finanziellen Verpflichtungen nicht pünktlich nachkommt: Deshalb wird das geliehene Geld, das *Darlehen*, im Grundbuch als *Hypothek* eingetragen, das geliehene Geld ist ein »Hypothekendarlehen«. Es wird mit einem bestimmten Zins- und Tilgungssatz zurückgezahlt. Dadurch, dass man jährlich eine bestimmte Summe als »Tilgung« zurückzahlt, verringert sich die Höhe der Zinszahlung, obwohl der Zinssatz gleich bleibt. Bei einem festliegenden Betrag der Rückzahlung steigt also die Tilgungssumme. Dennoch dauert die Rückzahlung einer 1. Hypothek – je nach Vereinbarung – häufig rund 30 Jahre.

Die »1. Hypothek« heißt so, weil sie allen anderen im Grundbuch eingetragenen finanziellen Verpflichtungen bevorrechtigt ist; sie wird bei einem Zwangsverkauf zuerst zurückgezahlt. Dafür liegt ihr Zinssatz niedrig und die Rückzahlungsfrist ist lang.

Eine besondere Form des Darlehens ist ein *Bausparvertrag.* Die Bausparkassen sind in den Zwanzigerjahren des 20. Jahrhunderts entstanden, um auch weniger gut Verdienenden den Hausbau zu ermöglichen. Bereits lange vor dem eigentlichen Grundstückskauf oder Hausbau spart man auf eine vorher festgelegte Gesamtsumme, die nach einer bestimmten *Mindestansparzeit* und einem *Mindestansparbetrag* als Bauspardarlehen »zuteilungsreif« wird, also ausgezahlt werden kann. Feste, niedrige Darlehenszinsen für die gesamte Laufzeit des Vertrages sind der Vorteil des zweckgebundenen Bausparens.

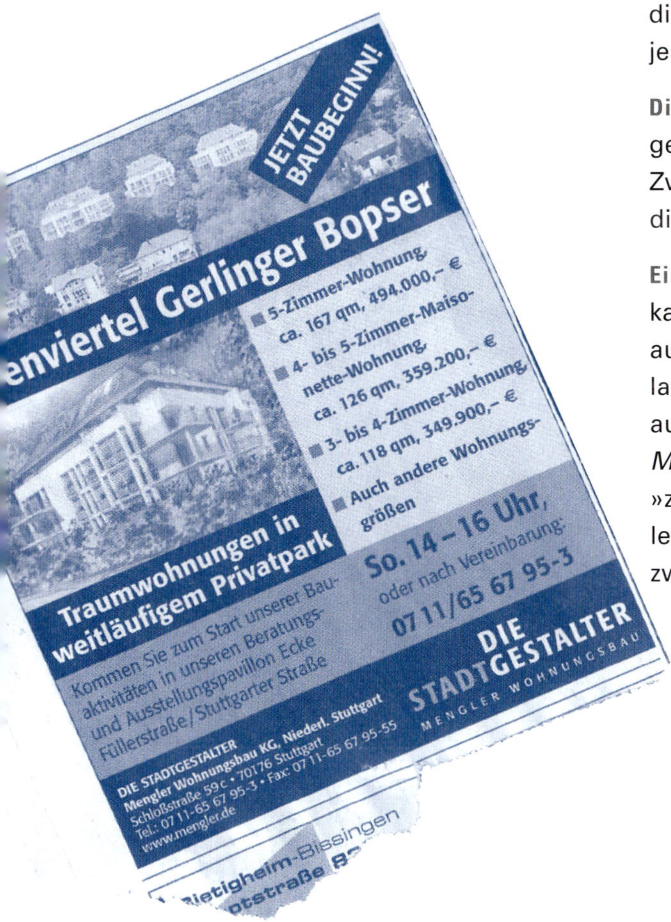

Der Staat hat ein Interesse an der Wohneigentumsbildung möglichst vieler Familien. Wer auf eigenem Grund und Boden lebt, wird »berechenbar«. Er zieht nicht so oft um, er wird sesshaft, zahlt brav seine Steuern und denkt – glaubt der Staat – nicht an revolutionäre Umtriebe.

Förderung der Wohnversorgung

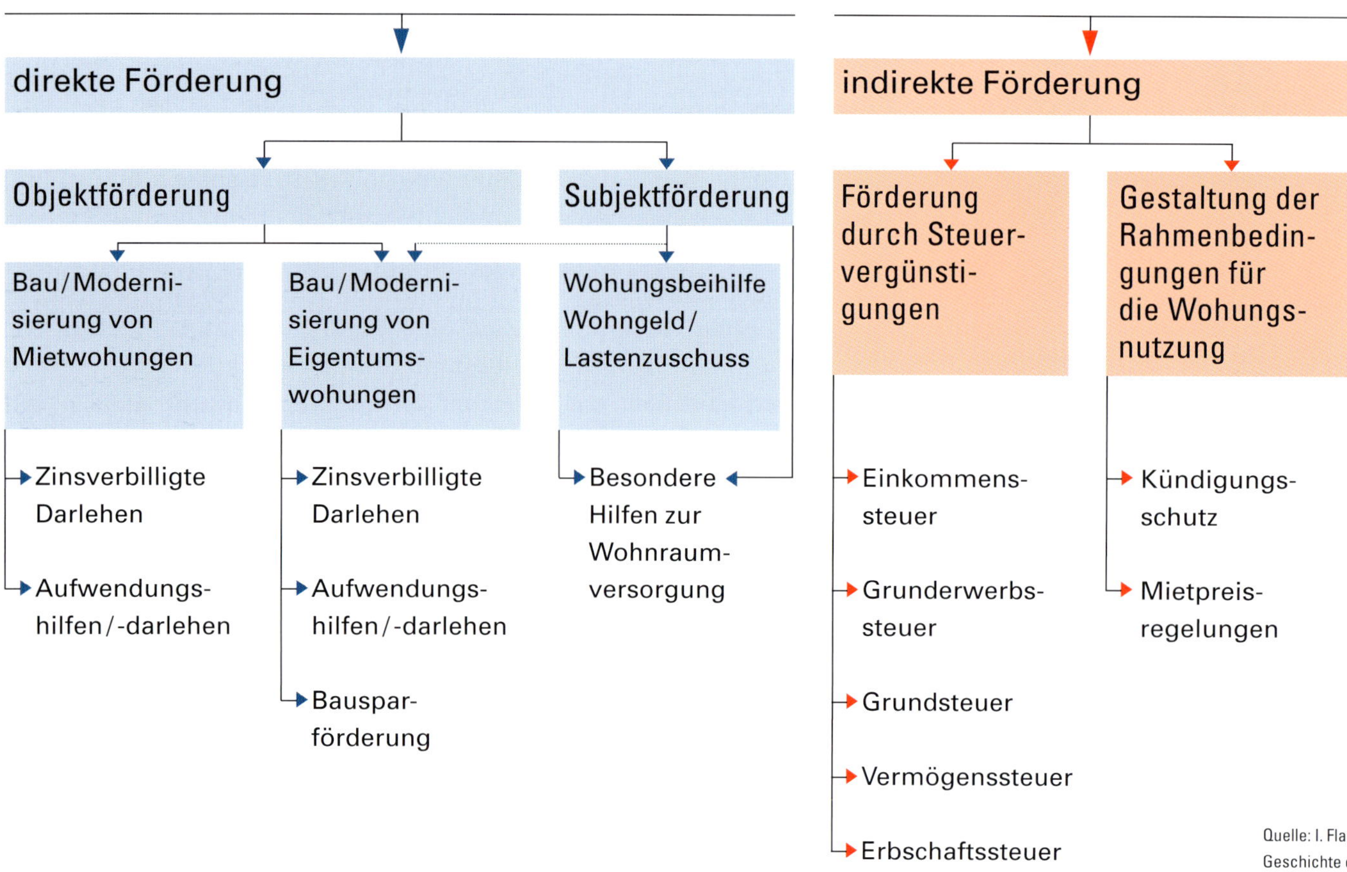

Quelle: I. Flagge (Hrsg.): Geschichte des Wohnens, Bd. 5, Stuttgart 1999

Aber der Wohnungsbau oder -kauf ist für viele Bürger zu teuer. Deshalb fördert der Staat Bau und Kauf eines Hauses oder einer Wohnung durch die »Eigenheimzulage«. Die wird zurzeit 8 Jahre lang jährlich ausgezahlt und besteht aus einem

- Fördergrundbetrag,
- der (möglichen) Zusatzförderung für Niedrigenergiehäuser, und
- der Kinderzulage (»Baukindergeld«).

Voraussetzung für eine Förderung ist, dass man nicht mehr als 81.806 € in zwei Jahren als Alleinstehender verdient (163.614 € bei Verheirateten; seit dem 1. 1. 2000).

Fall 3

Sozialer Wohnungsbau

»Nach der Regierungserklärung des Bundeskanzlers vom 20. September 1949 ist es der feste Willen der Bundesregierung, die Verhältnisse auf dem Wohnungsgebiet, die die soziale und ethische Gesundung des deutschen Volkes unmöglich und die auch das Leben der Vetriebenen und Ausgebombten so unendlich schwer machen, mit ganzer Kraft einer Besserung zuzuführen« heißt es in der amtlichen Begründung zum **Ersten Wohnungsbaugesetz der Bundesrepublik Deutschland** vom 24. April 1950. Denn – so heißt es weiter –, »Die beengten Wohnungsverhältnisse mindern, physisch und psychisch, die Arbeitsleistung. Ihre nachhaltige Steigerung ist unabdingbare Voraussetzung für eine Gesundung der deutschen Wirtschaft« – was da alles durch Wohnungsbau gesunden sollte ...

Dieses Gesetz begründete für die (westdeutsche) Bundesrepublik den »sozialen Wohnungsbau«, der im Ergebnis bis heute dazu führte, dass (fast) jeder Bürger in einer menschenwürdigen Wohnung leben kann – etwas, das es in der Geschichte noch nicht gab!

Textauszug unter www.aknw.de oder www.akh.de

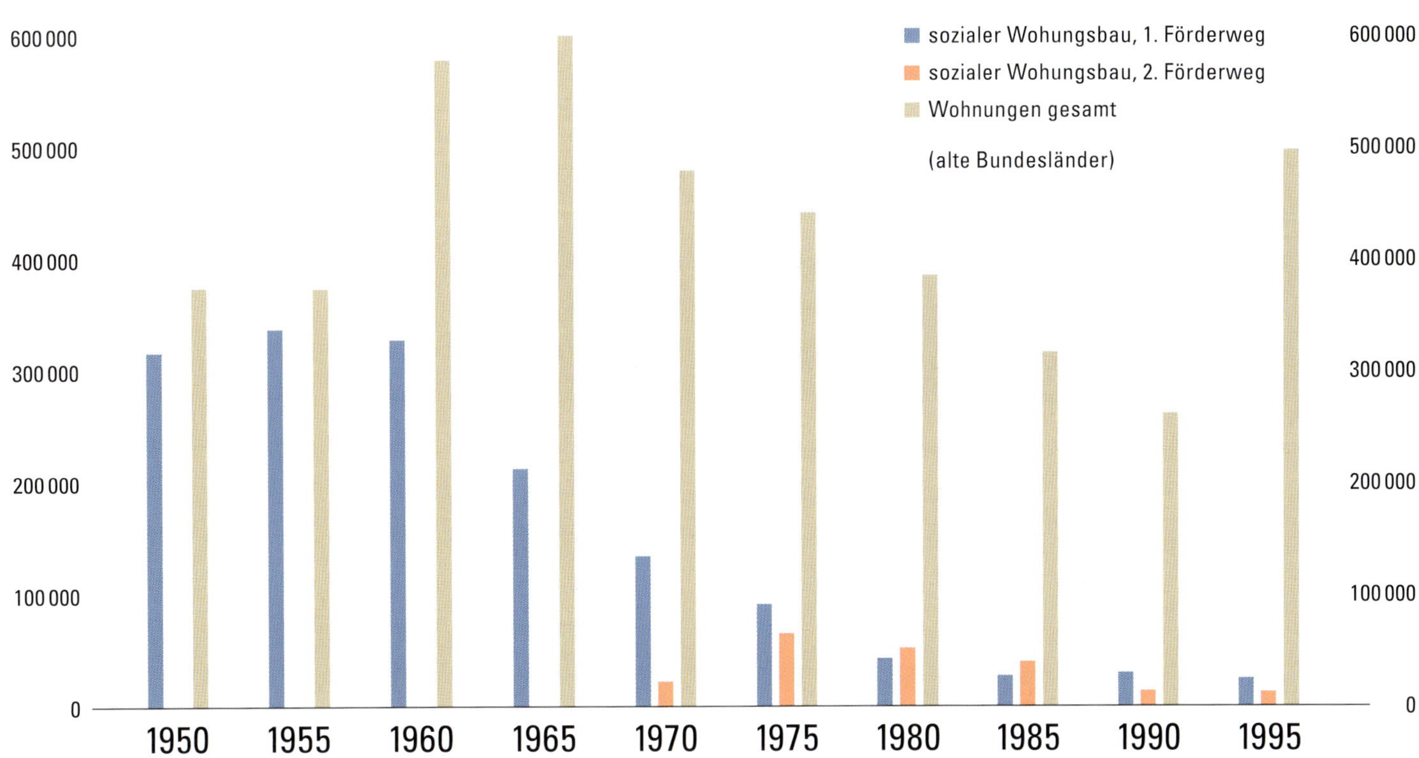

Der »soziale Wohnungsbau« definiert sich über zwei Merkmale: Der aus den Baukosten resultierenden *Miete* und dem *Einkommen* der Wohnungsmieter. Der Bauherr – Wohnungsbaugesellschaften, aber auch private Bauherren – wird bei den Baukosten subventioniert (durch Steuererleichterungen oder direkte Zuwendung von Steuergeldern), wenn er Wohnungen bestimmter Größe und Ausstattung baut und diese zu einem festgelegten Mietpreis pro Quadratmeter (»Kostenmiete«) vermietet. Dass die jeweiligen Werte – Wohnungsgröße und Mieten – im Laufe der letzten fünfzig Jahre gestiegen sind, ist klar. Diese Miete liegt aber niedriger als die marktübliche im *frei finanzierten Wohnungsbau.* Der Vermieter muss sie so lange garantieren, wie er die Subventionen nicht zurückgezahlt hat; danach kann er die ortsübliche Miete kassieren.

Der Mieter, auf der anderen Seite, kommt in den Genuss der niedrigen Miete, wenn sein Einkommen eine bestimmte Höhe nicht überschreitet. Wenn er aber im Laufe der Zeit ein höheres Einkommen bezieht oder mehrere Bewohner der Wohnung Geld verdienen, dann muss er ausziehen oder eine *Fehlbelegungsabgabe* zahlen.

Sozialer Wohnungsbau der Siebzigerjahre: Wenn man eine gewaltige Zahl von Menschen menschen»würdig« unterbringen will, dann kann man nicht jedes Detail individualisieren. Es entstehen große Bauten um große Höfe, die die Wünsche eines fiktiven Durchschnitts befriedigen sollen.

(Hamburg-Steilshoop, Städtebau: Candilis, Josic, Woods, versch. Architekten)

Übung

Beschreiben Sie die Motive, die zu der Entscheidung für einen »sozialen Wohnungsbau« geführt haben, soweit sie sich aus dem Gesetzestext und der Erläuterung ablesen lassen!

Gibt es darüber hinaus weitere Ziele, die mit dem »sozialen Wohnungsbau« erreicht werden können?

Übung

Vergleichen Sie den auf Seite 41 abgebildeten Grundriss mit dem Grundriss einer heutigen, im frei finanzierten Wohnungsbau errichteten Wohnung (Seite 36)!

Übung

Diskutieren Sie folgende Behauptung: Der soziale Wohnungsbau bildet die Voraussetzung für eine Massendemokratie!

Man muss es sich heute, wo die Wohnung für alle eine Selbstverständlichkeit geworden ist, wirklich noch einmal klar machen, welche große Leistung in Deutschland und in vielen europäischen Staaten erbracht wurde: Zum ersten Mal in der Geschichte der Menschheit wurde aus gesellschaftlicher Solidarität heraus ein »Wohnungsbau für alle« betrieben!

Dass der soziale Wohnungsbau – übrigens durchgehend in allen westeuropäischen Staaten – heute immer weniger gefördert wird, wirft ein Licht auf die Frage nach der Solidarität der Gesellschaft, *nachdem* eine Mehrheit die ausreichend große Wohnung besitzt. Die weniger einkommensstarken Familien – Familien mit Arbeitslosen, allein erziehende Väter oder Mütter – haben heute gerade in den großen Ballungsräumen Schwierigkeiten, eine angemessene und bezahlbare Wohnung zu finden; der Mietanteil am Einkommen liegt bei ihnen deutlich höher als bei anderen. Außerdem werden die in den Jahren des Booms im sozialen Wohnungsbau, in den Sechziger- und Siebzigerjahren, gebauten Wohnungen zunehmend aus der Mietpreisbindung entlassen.

Geringere Subventionen sind aber auch die Konsequenz daraus, dass der Wohnungsbau quantitativ so erfolgreich war: Noch nie war die Wohnsituation eines Volkes so entspannt wie heute. Wir sind – auch im Hinblick auf die Ausstattung der Wohnungen – ein »Volk von Luxuswohnern«!

Heute, wo bei weitem nicht mehr die großen Wohnungszahlen im sozialen Wohnungsbau erreicht und benötigt werden, kann man eine individuellere und ökologisch ausgereiftere Architektur realisieren.

Idealerweise bietet auch der Grundriss – wie hier beispielsweise mittels Schiebetüren – die Möglichkeit, sich an verändernde Lebenssituationen und -formen anzupassen.

(Wiesbaden, Siedlungsgebiet Sauerland; Diez · Joppien · Architekten, Frankfurt am Main)

Weitere Grundrisse unter www.aknw.de oder www.akh.de

So viele Typen

Dass es so viele unterschiedliche Wohnformen gibt, zeigt vor allem eines: Es gibt nicht »die« Wohnung, das Ideal für alle, dem man möglichst nahe kommen möchte. Jede Wohnform antwortet auf bestimmte Bedürfnisse – der eine möchte gern im Garten Radieschen ernten, der andere kann sich sein Leben nur in der Stadt neben Kino und Disco vorstellen; die eine findet einen »offenen Grundriss« am geeignetsten für ihre offene Lebensform, die andere braucht vier Wände um sich herum, um sich konzentrieren zu können.

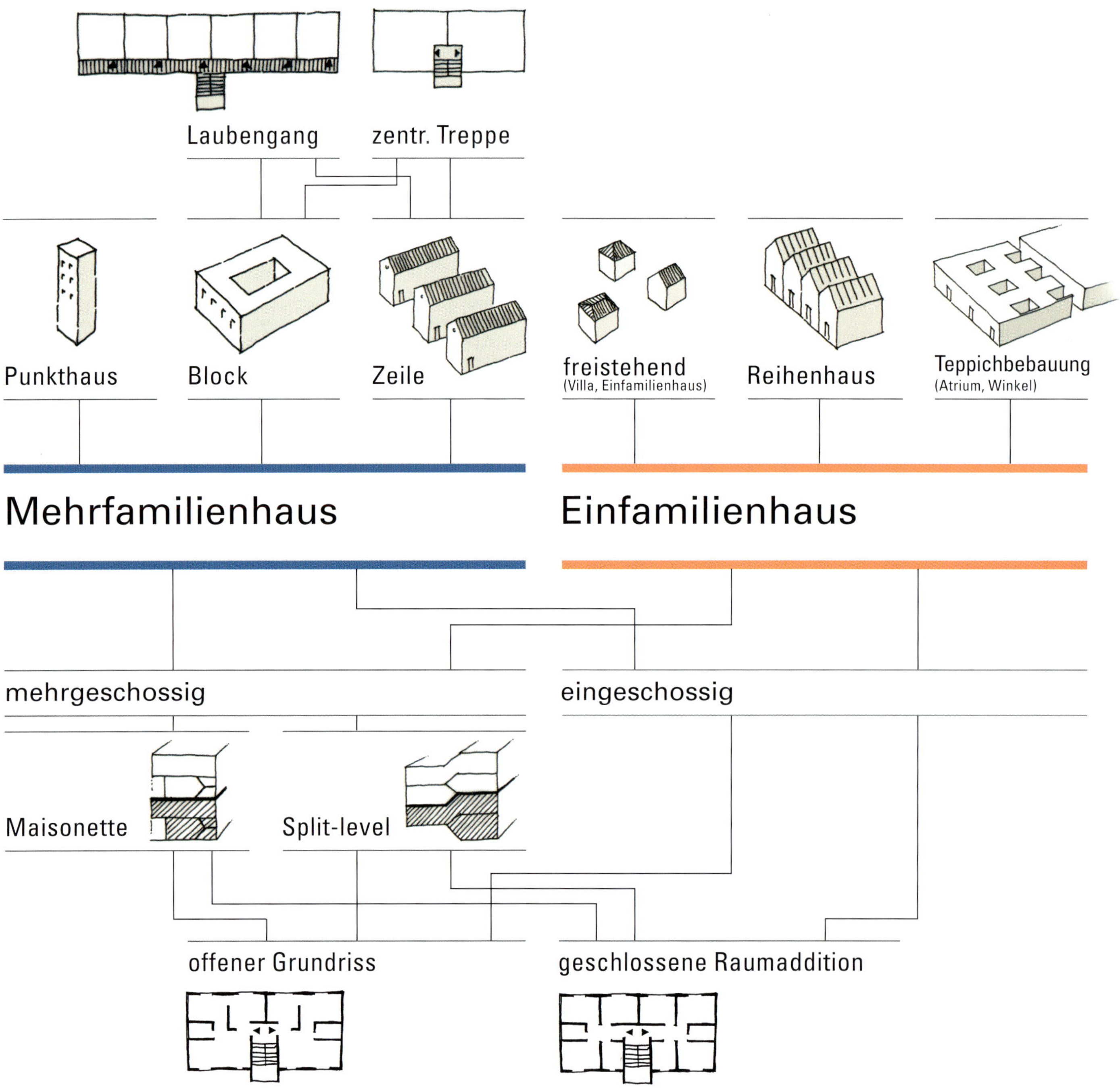

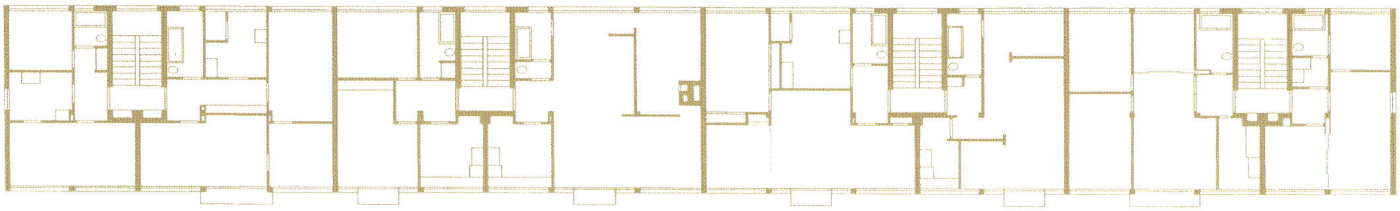

Viergeschossiges Mietshaus in der Weißenhof-Siedlung in Stuttgart von Ludwig Mies van der Rohe (1927). Der Innenraum zeigt eine Mustermöblierung der Ausstellung – geradlinig und schlicht zu einer Zeit, da viele Menschen noch in wilhelminischem Plüsch lebten.

Die Grundrisse zeigen Aufteilungsmöglichkeiten innerhalb des immer gleichen Rahmens.

Das Wichtigste ist also zu erkennen, was man haben möchte – dazu muss man sich selbst kennen. Dazu muss man aber vor allem über das Bescheid wissen, was es überhaupt gibt. Und es muss einen Wohnungsmarkt geben, der die verschiedenen Möglichkeiten auch anbietet – was heute nur selten der Fall ist, weil sich Investoren gern auf »das Bewährte« zurückziehen.

Zuerst entscheidet man, in welcher Umgebung man wohnen will. Innerhalb der Wohnung ist dann der größte Unterschied im Lebensgefühl der, ob es sich um einen »offenen Grundriss« oder um die traditionelle Addition geschlossener Zimmer handelt – es ist der Unterschied, der in der modernen Wohnarchitektur des 20. Jahrhunderts entwickelt wurde.

1927 fand in Stuttgart eine Bauausstellung statt, bei der die wichtigsten modernen Architekten jener Zeit Einfamilienhäuser bauten: die »Weißenhof-Siedlung«. Nur der auch für die Gesamtplanung verantwortliche Architekt Ludwig Mies van der Rohe entwarf ein mehrgeschossiges Mietshaus, in dessen Stahlskelett-Konstruktion nur Außenwände, Wohnungstrennwände, Treppenhäuser sowie Bad und Küche festlagen. Die Wände innerhalb der Wohnung konnte man frei aufstellen. Der Architekt zeigte, dass man innerhalb einer derartigen »Versuchsanordnung« eine traditionelle Addition einzelner Räume aufbauen kann: Wohnzimmer, Schlafzimmer, Esszimmer. In Alternativen zeigte er aber auch eine Wohnform, die als »freier Grundriss« nur aus »Leitwänden« besteht, ohne dass einzelne Zimmer abgetrennt sind. Sie ermöglichten eine neue, bis dahin nicht gekannte Freiheit des Wohnens.

Übung

Diskutieren Sie in der Gruppe Vor- und Nachteile des offenen Grundrisses. Erstellen Sie ein Stimmungsbild (Zustimmung/Ablehnung) innerhalb der Gruppe!

Der Architekt und der Entwurf

Nein, nicht nur »der Ingeniör/hat's schwör«, auch der Architekt, übrigens auch er ein Ingenieur, hat es nicht leicht: Wenn von einer Katastrophe am Bau geredet wird, dann trägt angeblich immer er die Schuld.

Der Architekt sitzt zwischen allen Stühlen. Er kann es anscheinend niemandem recht machen: Der Bauherr schimpft wegen der Baukosten, die Bürger wegen der vermeintlich hässlichen Häuser, die Baufirmen wegen der niedrigen Preise – wenn man in der Zeitung über Probleme am Bau liest, wird gern über den Architekten geschimpft. Und dennoch ist das Studium der Architektur immer noch für viele attraktiv, obwohl die Berufsaussichten kaum das große Einkommen versprechen.

Tatsächlich ist das »Sitzen zwischen den Stühlen« für die Architekten eine berufstypische Position. Sie sind dem Bauherrn verpflichtet, der sie beauftragt hat und bezahlt; der stellt die Aufgabe. Der Architekt sorgt, in Zusammenarbeit mit den Fachingenieuren (je nach Aufgabe Statiker, Tragwerksplaner, Energieberater, Fassadenberater, Akustiker oder andere), als firmenunabhängiger Treuhänder des Bauherrn für die entwurfliche Lösung und die korrekte Ausführung. Die Bauunternehmer bauen, der Architekt kontrolliert sie.

Aber es kommt für die Architekten noch etwas hinzu, was über die Rolle des »Fachmanns für das Bauen« und des »Treuhänders des Bauherrn« hinausgeht. Natürlich bezahlt der Bauherr und darf bestimmen, was geschieht. Andererseits steht jedes Gebäude in einem öffentlichen Raum und betrifft damit zwangsläufig andere Menschen: Sie können sich darüber freuen oder ärgern, das Quartier kann durch einen Neubau verbessert oder verschlechtert werden. Also sind Architekt wie Bauherr auch der Öffentlichkeit verpflichtet – deshalb muss auch jeder Bau vom Bauaufsichtsamt der Kommune genehmigt werden.* Die prüft aber eher Aspekte der Sicherheit oder der Technik, weniger die der Gestaltung. Von dieser aber ist die Öffentlichkeit, sind wir alle betroffen. Der Architekt ist der »Fachmann für Gestaltung« – und damit für die Gestaltung des öffentlichen Raumes verantwortlich – trotz des privaten Bauherrn. Der Architekt steht also zwischen Bauunternehmen und Bauherren und zwischen Bauherren und Öffentlichkeit.

* In einigen Bundesländern genügt es, wenn die Planung den Vorgaben des Bebauungsplanes entspricht und der Architekt die rechtliche Korrektheit erklärt.

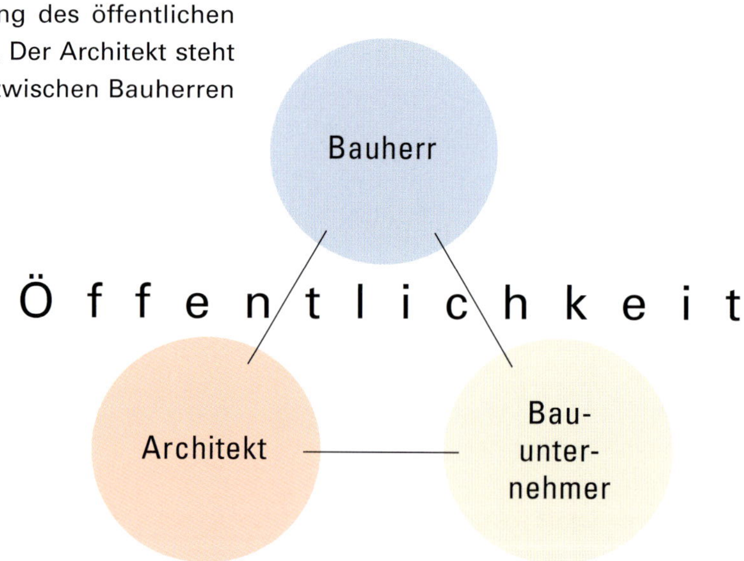

Architekt als Beruf

Anders als in anderen europäischen Ländern sind die Berufsbezeichnungen »Architekt«, »Innenarchitekt«, »Garten- und Landschaftsarchitekt« und »Städtebauarchitekt/Stadtplaner« sowie »Beratender Ingenieur« durch die Architekten- und Ingenieurgesetze der Bundesländer gesetzlich geschützt und dürfen nur von Personen geführt werden, die in der Architekten- oder Ingenieurliste der zuständigen Länderkammern registriert sind. Voraussetzung dafür ist der Nachweis eines abgeschlossenen Studiums an einer deutschen Hochschule oder Fachhochschule im Bereich Architektur, Innenarchitektur, Landespflege/Landschaftsgestaltung sowie Raumplanung oder im Bereich Bauingenieurwesen. Außerdem ist eine zwei- bis dreijährige Berufspraxis nach dem Studium erforderlich. Aufgrund der EG-Architektenrichtlinie, die die gegenseitige Anerkennung der Architektur-Diplome innerhalb der Europäischen Union regelt, können auch Architekten der EU-Länder unter bestimmten Voraussetzungen in die Architektenlisten der Länderkammern in Deutschland eingetragen werden.

Merkblatt der AK Hessen zum Berufsbild der Architekten unter www.akh.de

In den Architektengesetzen der Länder wird die Berufsaufgabe als gestaltende, technische, wirtschaftliche, soziale und ökologisch verträgliche Planung definiert.

Wegen dieser Verantwortung gegenüber der Gesellschaft wird das Honorar der Planer nach einer gesetzlich beschlossenen und verpflichtenden Honorarordnung (HOAI) festgelegt. Sie soll die Sicherheit einer Entlohnung bei einer unabhängigen Beratung, Planung und Bauleitung vermitteln und stellt damit ein Qualitätssicherungsinstrument für den Bauherrn dar. In der HOAI wird nämlich genau definiert, was der Architekt für sein Honorar zu leisten hat.

Schön, technisch einwandfrei, wirtschaftlich, der Gesellschaft verpflichtet, ökologisch vertretbar – das ist ein Katalog der Verantwortlichkeiten, der nicht ganz einfach zu erfüllen ist – und auch nicht von allen Architekten gleichwertig erfüllt wird. Wenn man sich noch vor Augen führt, welche juristischen Fallstricke es für den Architekten gibt, wird deutlich, dass es ein Beruf mit hoher Verantwortung ist: Der Architekt muss, allein um einen Bau realisieren zu können, die jeweilige Landesbauordnung gut kennen, das Baugesetzbuch, die Verdingungsordnung für Bauleistungen (VOB), das Werkvertragsrecht, die Garagenverordnung, die Baunutzungsverordnung, die Planzeichenverordnung, das Denkmalschutzgesetz, die Baumschutzverordnung, die Energieeinsparungsverordnung und die Wärmeschutzverordnung – und das sind nur einige rechtliche Voraussetzungen. Viele Spezialverordnungen, einige Dutzend Gemeindeverordnungen, eine Fülle von DIN-Vorschriften und alle Instanzenwege bei den Behörden muss er kennen. Dazu kommt das Verständnis für den Bau- und Grundstücksmarkt, denn heute werden zunehmend seine Fähigkeiten als »Developer« gefragt, um neue Chancen zum Bauen in der Stadt zu entdecken, dafür Konzepte zu entwickeln und Investoren zu finden. Von der eigentlichen »Kunst der Architektur«, dem Entwerfen und Konstruieren von Bauten, ist dabei noch gar nicht die Rede …

Viele Bauherren von Einfamilienhäusern fragen sich, ob man sich einen Architekten leisten solle. Die Frage ist so einfach nicht zu beantworten. Natürlich hat es Gründe, wenn heute nicht alle Einfamilienhäuser vom Architekten entworfen werden; die mitunter schlechten Erfahrungen vieler Bauherren gehören dazu, aber auch eine Gebührenordnung, die für den Architekten den Entwurf eines individuellen Einzelhauses kaum noch rentabel macht. Aber: Wenn man sich schon zum eigenen Haus entschließt, sollte es dann nicht Raumqualitäten haben, die auf die eigene Situation, die eigenen Wünsche zugeschnitten sind? Schließlich hat ein »Architektenhaus« meist auch einen höheren Marktwert und lässt sich günstiger wieder verkaufen!

Nicht ganz billig, dieses »Fertig«-haus ohne Keller und Grundstück! Unsinnige Vor- und Rücksprünge verteuern den Bau und erhöhen die Energiekosten. Die Mischung aus Traditionellem und scheinbar Zeitgemäßen funktioniert nicht. Die Grundrisse sind nicht individuell, sondern konventionell!

Dieses Haus ist tatsächlich sehr kostengünstig erstellt worden (ca. 1000 €/qm Wohnfläche reine Baukosten), zudem noch energiesparend. Die Architektur wirkt leicht und transparent.

(Wohnhaus in Allensbach; Architekten: Schaudt Architekten, Konstanz)

Architekten müssen Mitglied der Architektenkammer eines Bundeslandes sein, wenn sie die Berufsbezeichnung führen wollen. Kammern aber sind »Körperschaften öffentlichen Rechts«, sie sind auf der Grundlage eines Gesetzes eingerichtet worden und erfüllen damit einen öffentlichen Auftrag. Sie sind also keine reine Interessenvertretung der Architekten – und damit auch für potenzielle Bauherren eine wichtige Informationsquelle. Dort kann man sich erkundigen, wie man bei der Suche nach erfahrenen und seriösen Architekten am besten vorgeht.

Wenn man einige Namen hat, die als Architekten in Frage kommen, dann geht man als Bauherr und Kunde am besten genauso vor wie beim neuen Anzug: Man vergleicht Qualitäten und fragt sich, ob es passt. Beim Hausbau heißt das: Welcher Architekt hat das beste Verständnis für meine individuellen Wünsche? Welchen Architekten verstehe ich als Laie – denn leider reden Fachleute häufig eine Art Fachchinesisch? Ganz schlaue Bauherren lassen sich sogar ein »Angebot« machen: Sie veranstalten einen kleinen Wettbewerb. Für eine relativ geringe Summe machen einige Architekten einen Vorentwurf aus Plänen und Modell – zwar noch grob, aber doch so, dass man als Bauherr einschätzen kann, ob man das Ergebnis möchte oder nicht. Das ist kein Kostenwettbewerb um den billigsten Architekten; dessen Honorar liegt durch die Gebührenordnung fest.

Für Architekten ist ein derartiger Wettbewerb nichts Ungewöhnliches; viele bekommen ihre Aufträge auf diese Weise.

Der Begriff »Architekt« ist übrigens ziemlich unscharf. Die in der Kammer zusammengefassten »Architekten« bestehen eigentlich aus vier Berufsgruppen: den Innenarchitekten, den Landschaftsarchitekten, den Stadtplanern und den Hochbauarchitekten. Wenn man sich ein Einfamilienhaus entwerfen lässt, dann hat man es meist nur mit diesem zu tun. Aber auch der Entwurf eines schönen Gartens wird von einem Landschaftsarchitekten in der Regel besser geleistet als vom ungelernten Rasenharker, und die Innenraumgestaltung vom Fachmann oder der Fachfrau ist vom Profi besser zu leisten als vom Amateur. Beides wird allerdings meistens nur bei großen Einfamilienhäusern in Frage kommen.

Wirtschaftlichkeit, Bautechnik und Ökologie

Bauen kostet viel Geld, und auch der Betrieb eines Hauses ist nicht billig: Kosten für Heizung, Wasser und Abwasser, eventuell Gas, Schornsteinfeger, Straßenreinigung, Grundsteuern, Abfallentsorgung, Versicherungen – es kommt schon einiges zusammen. Die Heizkosten beispielsweise richten sich nach der Art der Energie, den jeweiligen Preisen dafür und nach dem Wärmebedarf eines Hauses und seiner Bewohner. Die Preise kann man nicht beeinflussen – die anderen Faktoren jedoch sehr wohl: Es ist ein Unterschied, ob man 18 °C oder 20 °C Innentemperatur wünscht, ob man tagsüber, wenn man nicht zuhause ist, die Heizung niedrig stellt, ob man geringe Wärmeverluste durch eine gute Wärmedämmung des Hauses hat oder so intelligent gebaut hat, dass die kostenlose Sonne das Haus aufheizt.

Man kann also durch eine kluge Planung die Betriebskosten eines Hauses erheblich senken; das gilt auch für die Baukosten selbst. Die wichtigsten Aspekte dabei sind

- die Art der Bebauung,
- die Aufteilung des Hauses (Grundriss, Geschossigkeit),
- die Konstruktion,
- das Material.

Reihenhaus, Wintergarten zur Sonnenseite, natürliche Materialien, passive Solarnutzung: wirtschaftliches, ökologisches Bauen

(Siedlung »Am Lindenwäldchen« in Freiburg; Architekt: Rolf Disch)

Den Bauernhäusern der Umgebung abgeschaut: Die alten Formen und Materialien bewähren sich auch in zeitgemäßer Architektursprache.

(Wohnhaus in Bad Tölz; Architekten: Fink + Jocher)

Daneben gibt es ja auch den ökologischen Aspekt. Deutschland hat sich im Rahmen internationaler Vereinbarungen zum Klimaschutz auf eine Reduktion von 25 % des Ausstoßes von Kohlendioxyd bis 2005 verpflichtet. Da der Energiebedarf für Bauten etwa bei einem Drittel des Gesamtenergieaufwandes des Landes liegt, gibt es also in diesem Sektor ein entsprechend großes Einsparungspotenzial.

Grundregeln für ein umweltgerechtes, möglichst wenig Energie verbrauchendes Bauen sind:

- Die Ausrichtung großer Glasflächen nach Süden, zur Sonne hin,
- wirksame Wärmedämmung,
- Speichern von Sonnenwärme im Winter,
- wirtschaftliche Heizsysteme,
- Vermeidung von unnötigen Wärmeverlusten durch Entwicklung günstiger Grundrisse und Baukörperformen,
- wirtschaftliche Wassersysteme (z. B. Brauchwassernutzung),
- Verwendung regenerierbarer und/oder wieder verwendbarer Baustoffe ohne hohen Transportkostenanteil,
- wieder verwendbare Bauteile, die nicht zu Bauschutt, sondern zu neuen Nutzungen führen.

Das Alte als das Vertraute und über Jahrhunderte hinweg Bewährte: das Bauernhaus als Einheit aus Funktion, Konstruktion und Schönheit

(Gutachhaus, Schwarzwald)

In der heutigen Zeit kann man Energie nur einsparen, wenn man Technik intelligent anwendet. Das ist genau das, was unsere Vorfahren seit Hunderten von Jahren getan haben. Ihr Wissen beruhte nicht auf Computerrechnungen, sondern auf Erfahrung. Sie nahmen das Material zum Bauen, das haltbar und in der Umgebung vorhanden war – also sparte man Transportkosten: In den Bergdörfern der Alpen nahm man Stein, in den waldreichen skandinavischen Ländern entwickelte man Blockhaus-Bauweisen, in Mitteleuropa wurden Fachwerkkonstruktionen gebaut. Beim niedersächsischen Bauernhaus beispielsweise lag alles unter einem Dach: Vieh und Mensch wärmten sich gegenseitig, der Rauch des Holzfeuers zog ohne Schornstein über den Dachraum nach oben ab: Die Schinken und Würste wurden so »geräuchert« und haltbar gemacht; der Rauch tötete auch das Ungeziefer im Heu, das oben gelagert wurde.

Über Jahrhunderte wurden Grundrisse und Details entwickelt, die praktisch und technisch beherrschbar waren. Erst, als mit der Industrialisierung im 19. Jahrhundert Transport- und Herstellungskosten von Material niedriger wurden, konnte man »an jedem Ort alles« bauen – das imitierte Schwarzwaldhaus an der Nordsee, das französische Landhaus in Rothenburg an der Wümme, das niedersächsische Fachwerkhaus am Starnberger See. Man muss sich nur umsehen!

Erst heute gibt es wieder Zwänge, die denen früherer Jahrhunderte vergleichbar sind: Das Bewusstsein von der Endlichkeit der Energievorräte und die Notwendigkeit des Klimaschutzes. Entsprechend werden sich Bauweisen entwickeln, die logisch darauf reagieren – und sie werden das, wie die Bauernhäuser früherer Zeiten, nach außen hin zeigen.

Übung

Diskutieren Sie folgende Aussage eines Kritikers des falsch verstandenen »ökologischen Bauens«:

»Energie kann niemals mit Neubauten, sondern nur mit Altbauten oder reinen Ersatzbauten eingespart werden. Auch Energiesparhäuser sparen keine Energie, sondern verringern nur den Mehrverbrauch. Die gesamte visuelle Mimik der meisten herkömmlichen Architektur und des so genannten ›ökologischen Bauens‹ ist in energetischer Hinsicht weitgehend falsch.«

Übung

Diskutieren Sie Für und Wider des freistehenden Einfamilienhauses unter ökologischen Aspekten!

Viele Rechte

In Deutschland darf jeder bauen, wie er will (die »Baufreiheit«). Aber er muss sich an Gesetze halten. Um die zu verstehen, hier ein kurzer Überblick darüber, wer auf welcher Ebene welche planerischen und rechtlichen Vorgaben trifft, an die man sich als Bauherr halten muss.

Bund

Rahmenkompetenz, Leitvorstellungen, Grundsätze, Raumordnungsgesetz, Raumordnungspolitischer Orientierungsrahmen, Baugesetzbuch, Baunutzungsverordnung

↓

Zusammenarbeit Bund / Länder

↑ ↑

Länder

Grundsätze und Ziele für die Länder, z. B. zentrale Orte, Entwicklungsachsen, Gebietskategorien, Eignungsräume

Landesplanungsgesetze, Landesraumordnungs- und Landesentwicklungsprogramme und -pläne, Landesbauordnungen

Vorgaben ↓ | Überprüfen ↓ | Genehmigung ↓ | Potenziale / Ziele der Regionen ↑

Planungsregionen – Regionalplanung

(konkrete) Ziele für Regionen in regionalen Raumordnungsplänen

Vorgaben ↓ | Überprüfen ↓ | Potenziale / Ziele der Regionen ↑

Gemeinden

gemeindliche Entwicklungsplanung und Bauleitplanung, Grundzüge der Bodennutzung für ganze Gemeindegebiete in Flächennutzungsplänen (vorbereitende Bauleitplanung), rechtsverbindliche Festsetzungen für die städtebauliche Ordnung in Bebauungsplänen (verbindliche Bauleitplanung)

Vorgaben ↓ | Abstimmung ↓ | Genehmigung ↓ | Potenziale / Ziele der Regionen ↑

private und öffentliche Träger
von Einzelvorhaben

Planung konkreter Bauvorhaben (Bauplan), Bauausführung

⇄ (jede Ebene)

Abstimmung mit den teilintegrierenden Planungen (Landschaftsplanung) und Fachplanungen (z. B. Verkehr, Landwirtschaft, Wasserwirtschaft) auf der jeweiligen Ebene

Auf der einen Seite gibt es das Prinzip der *kommunalen Planungshoheit*, in Art. 28, Abs. 2 GG festgelegt: »Den Gemeinden muss das Recht gewährleistet sein, alle Angelegenheiten der örtlichen Gemeinschaft im Rahmen der Gesetze in eigener Verantwortung zu regeln«. Die Bürger, vertreten durch die kommunalen Parlamente, haben das Recht, selbst zu bestimmen, wie sie zusammen leben wollen – und wie sie bauen dürfen. Die Bandbreite ihrer Entscheidungen ist auf der anderen Seite durch die *Rahmengesetzgebung des Bundes* und die *Bauordnungen der Länder* eingeschränkt. Für die Raumordnung hat der Bund das Recht, die allgemeinen Ziele vorzugeben. Die werden auf Landesebene in Raumordnung und Landesplanung konkretisiert und in der Regionalplanung dann verfeinert.

Die Balance aus Rahmengesetzgebung auf Bundesebene und Planungshoheit der Gemeinde ist erforderlich, weil das Grundgesetz neben dem Recht zur Regelung der eigenen Angelegenheiten einer Gemeinde auch die Einheitlichkeit der Lebensverhältnisse zwischen den verschiedenen Bundesländern, Städten und Gemeinden fordert.

Flächennutzungsplan

- Wohnbauflächen
- gemischte Bauflächen
- gewerbliche Bauflächen
- Sonderbauflächen
- Flächen für den Gemeinbedarf
- Flächen für Sport und Spiel
- Grünflächen
- Flächen zum Schutz von Natur
- und Landschaft
- Flächen für die Landwirtschaft
- Wasserflächen
- Flächen für Ver- und Entsorgung
- Verkehrsflächen
- Bahnanlagen
- Geplante Flächen

Flächennutzungsplan von Wiesbaden (Ausschnitt) und ein Beispiel für einen Bebauungsplan für ein neues Wohngebiet.

Der Flächennutzungsplan ist der »vorbereitende« Bauleitplan und enthält Festlegungen zur Art der baulichen Nutzung (z. B. Bau-, Verkehrs- und Grünflächen) für das gesamte Gemeindegebiet.

Die Bebauungspläne werden aus dem Flächennutzungsplan entwickelt. Sie regeln detailliert die zulässigen Flächen- und Grundstücksnutzungen (z. B: überbaubare Grundfläche, Höhe und Art von Gebäuden). Sie sind bei der Genehmigung von Bauvorhaben zwingend zu berücksichtigen.

Bebauungsplan

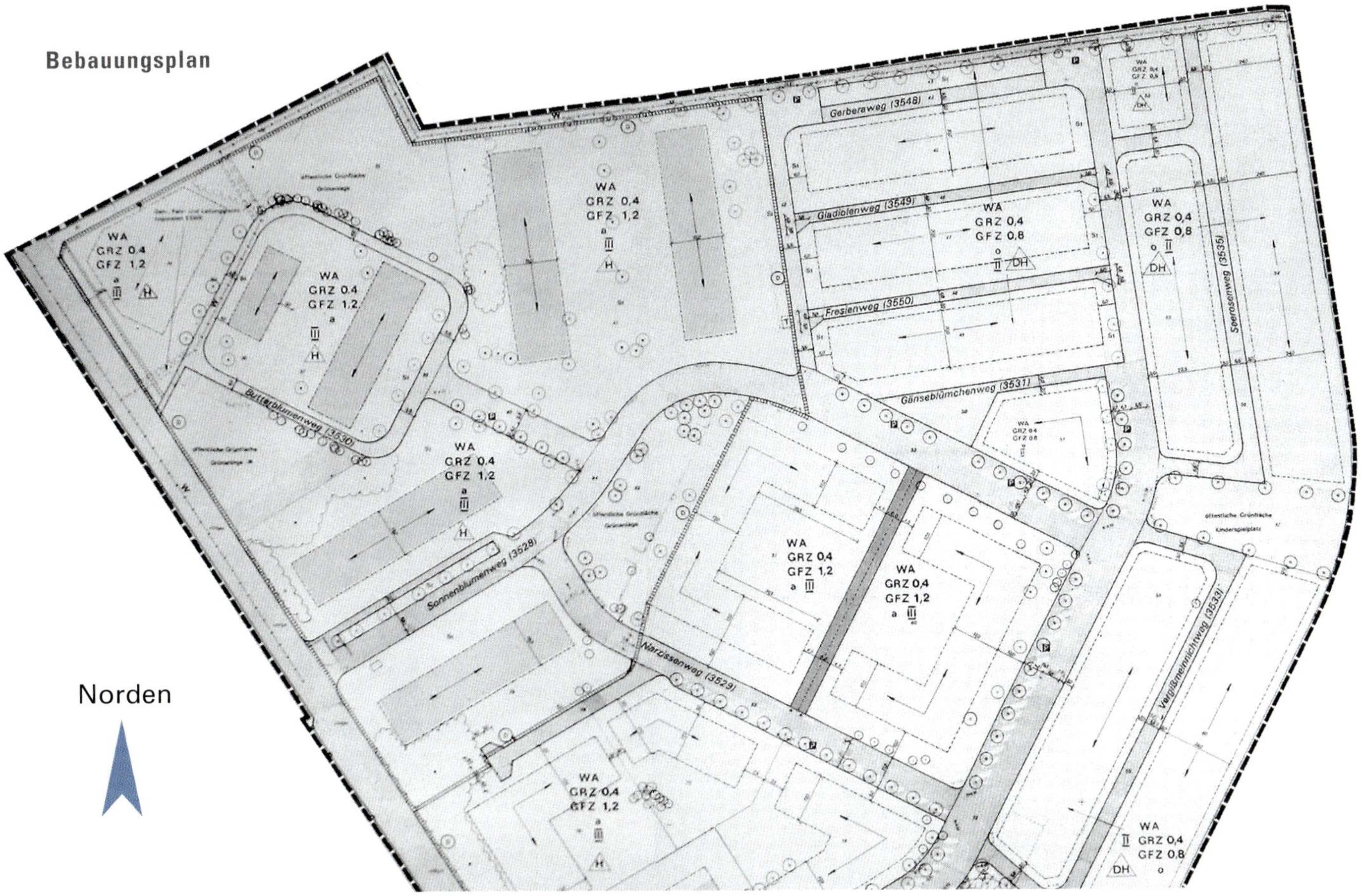

Art der baulichen Nutzung

WA allgemeine Wohngebiete

Maß der baulichen Nutzung

GRZ 0,4 Grundflächenzahl, z. B. GRZ 0,4

GFZ 0,7 Geschossflächenzahl, z. B. GFZ 0,7

II Zahl der Vollgeschosse Höchstgrenze z. B. II

Bauweise, Baulinien, Baugrenzen

o offene Bauweise

DH nur Doppelhäuser und Hausgruppen zulässig

E nur Einzelhäuser zulässig

H nur Hausgruppen zulässig

a abweichende Bauweise

Stellung der baulichen Anlage

Baugrenze

Verkehrsflächen

Straßenbegrenzungslinie

Straßenverkehrsflächen

P Verkehrsflächen besonderer Zweckbestimmung öffentliche Parkfläche

▼▲ Ein- bzw. Ausfahrten und Anschluss anderer Flächen an die Verkehrsflächen

Anpflanzen und Erhaltung von Bäumen und Sträuchern (§ 9(1) 25)

Anpflanzen: Bäume

Anpflanzen: Sträucher

Erhaltung von Bäumen und Sträuchern

Erhaltung: Bäume

Erhaltung: Sträucher

Umgrenzung von Flächen zum Anpflanzen von Bäumen, Sträuchern und sonstigen Bepflanzungen

Umgrenzung von Flächen für Maßnahmen zum Schutz, für Pflege und zur Entwicklung von Natur und Landschaft § 9(1) 20 BauGB

ungelenkte Sukzessionsfläche

sonstige Planzeichen

vorhandene Gebäude mit Hauptgebäuderichtung

geplante Gebäude

Grenze des räumlichen Geltungsbereiches des Bebauungsplanes

Umgrenzung von Flächen für Nebenanlagen Stellplätze, Garagen und Gemeinschaftsanlagen

Die *Bauleitplanung* gibt unter Rücksicht auf die Eigentums- und Baufreiheit sowie auf die kommunale Planungshoheit das notwendige Regelwerk für eine geordnete und nachhaltige städtebauliche Entwicklung vor. Dafür werden ein »*Flächennutzungsplan*« als vorbereitender und ein »*Bebauungsplan*« als verbindlicher Bauleitplan aufgestellt. In diesen Plänen werden die grundsätzliche Verteilung der Nutzungen definiert, Entwicklungsziele räumlich wirksam festgelegt und – im Bebauungsplan – rechtsverbindlich festgeschrieben. Bei der Entscheidung über die Bebauungspläne müssen neben sozialen, ökonomischen und ökologischen Belangen auch die Erhaltung, Erneuerung und Fortentwicklung vorhandener Ortsteile berücksichtigt werden. Außerdem müssen die Gestaltung des Orts- und Landschaftsbildes und die Belange des Denkmalschutzes hinsichtlich der Ortsteile, Straßen und Plätze von geschichtlichem, künstlerischem und städtebaulichem Wert bedacht werden.

Da die Bauleitplanung möglicherweise in Rechte der Bürger eingreift, diese in jedem Fall aber von den Auswirkungen betroffen sind, müssen sie dazu gehört werden: So heißt es im § 3, Abs. 1 des Baugesetzbuches, in dem alle baurechtlichen Bestimmungen zusammengefasst sind: »Die Bürger sind möglichst frühzeitig über die allgemeinen Ziele und Zwecke der Planung, sich wesentlich unterscheidende Lösungen, die für die Neugestaltung oder die Entwicklung eines Gebietes in Betracht kommen, und die voraussichtlichen Auswirkungen der Planung öffentlich zu unterrichten; ihnen ist Gelegenheit zur Äußerung und Erörterung zu geben«. Das geschieht dadurch, dass die Pläne mit den Erläuterungen der Verwaltung in den Rathäusern für jedermann einsehbar ausgelegt werden und die Bürger eine Frist für mögliche Einsprüche haben.

Allerdings ist das Recht der Bürger auf »Anregungen und Bedenken«, wie man diese Einspruchsmöglichkeit nennt, immer erst nachträglich möglich; sie werden gehört, wenn ein Plan bereits vorliegt. Inzwischen gibt es Versuche zu Beteiligungsverfahren, die Bürger bereits bei der Formulierung der Plan*ziele* zu beteiligen.

Wenn man also ein Haus bauen will, muss für das Grundstück mindestens bereits festgelegt sein,

- *dass* dort Wohnungen errichtet werden dürfen,
- wie *hoch* die Bauten sein dürfen (Zahl der Geschosse),
- innerhalb welcher Grenzen (Baugrenzen, Fluchtlinien) der Baukörper errichtet werden darf und muss,
- wie *dicht* das Grundstück bebaut werden darf,
- wie die Erschließung (Straße, Wasser, Strom usw.) gesichert ist.

Das gilt, wenn es einen Bebauungsplan für das betreffende Gebiet gibt. Wenn das nicht der Fall ist, gelten andere rechtliche Vorgaben.

Die *Bauordnungen* der einzelnen Bundesländer beziehen sich auf Gebäude selbst und auf die Grundstücke. Sie regeln deren Bebauung, die Sicherheit der Bauten, Brand-, Wärme- und Schallschutz, hygienische Anforderungen – beispielsweise die, dass jeder Wohnraum ein Fenster haben muss, das man öffnen kann – und die Verkehrssicherheit, die sicherstellt, dass durch das Bauvorhaben der öffentliche Verkehr von Personen und Fahrzeugen nicht beeinträchtigt wird.

Planungs- und Baurecht regeln also, wie und wo man bauen kann. Ein zweites, das Wohnen (nicht das Bauen!) betreffendes Bündel von Gesetzen regelt das Zusammenleben der Menschen untereinander (Nachbarschaftsrecht), das für alle Grundstücke, nicht nur für Wohngebäude gilt.

Für diejenigen, die zur Miete wohnen, gibt es noch das Mietrecht. Dort ist geregelt, wann die Miete erhöht werden darf, wann man bestimmte Reparaturen als Mieter selbst tragen muss, wie oft man Partys feiern darf und wann man die Wohnung renovieren lassen muss.

Einige Literaturhinweise

Gisevius, W.: Leitfaden durch die Kommunalpolitik. Bonn 1997

Holtmann, E./Schaefer, R.: Wohnen und Wohnungspolitik in der Großstadt. Opladen 1996

Niedersächs. Sozialministerium (Hrsg.): Ökologische Qualitäten im Städtebau. Hannover 1993

Moewes, G.: Weder Hütten noch Paläste. Basel, Boston, Berlin 1995

Umweltbundesamt (Hrsg.): Ökologisches Bauen. Wiesbaden, Berlin 1982

Wenn man alle die besprochenen Vorgaben erfüllt, dann bedeutet das keineswegs eine Einschränkung der Freiheit, die individuellen Wünsche der Bewohner zu erfüllen: Beispiele für heutige Wohnbauten.

Die Grundkonstruktion dieses Einfamilienhauses besteht aus Holz; sie wurde in einem Fachbetrieb vorgefertigt und vor Ort montiert. Die Fassade ist verputzt und rot gestrichen. Eine reizvolle, preiswerte Lösung wurde mit einfachen gestalterischen Mitteln erreicht.

(Haus Aßhauer in Hofgeismar, 2001.
Architekten: Schultze + Schulze, Kassel)

Die erkerähnliche Ausbuchtung an der Stirnseite dieses Mehrfamilienhauses erweitert die jeweiligen Wohnzimmer und bietet einen reizvollen Ausblick auf die Stadt.

(Wohnhaus in der Brabanter Straße in Kassel, 2000. Architekten: Bieling & Bieling, Kassel)

Wohnung und Gestaltung

Wohnung und Gestaltung

Wohnungsgrundriss und Verhalten

Vier verschiedene Wohnorganisationen innerhalb des gleichen Systems: Zwischen den tragenden Wohnungstrennwänden (Schotten) lassen sich die je drei Geschosse individuell aufteilen. So liegt beim Haus 1 die Treppe längs und ermöglicht eine andere Raumaufteilung. Haus 2 und 3 schaffen Großzügigkeit durch eine Galerie.

F = Flur
D = Diele
B = Bad
K = Kochen
H = Hauswirtschaft
E = Essen
W= Wohnen
S = Schlafen
K = Kinderzimmer
A = Arbeiten
T = Terrasse
G = Galerie
L = Luftraum

Dachgeschoss

Obergeschoss

Erdgeschoss

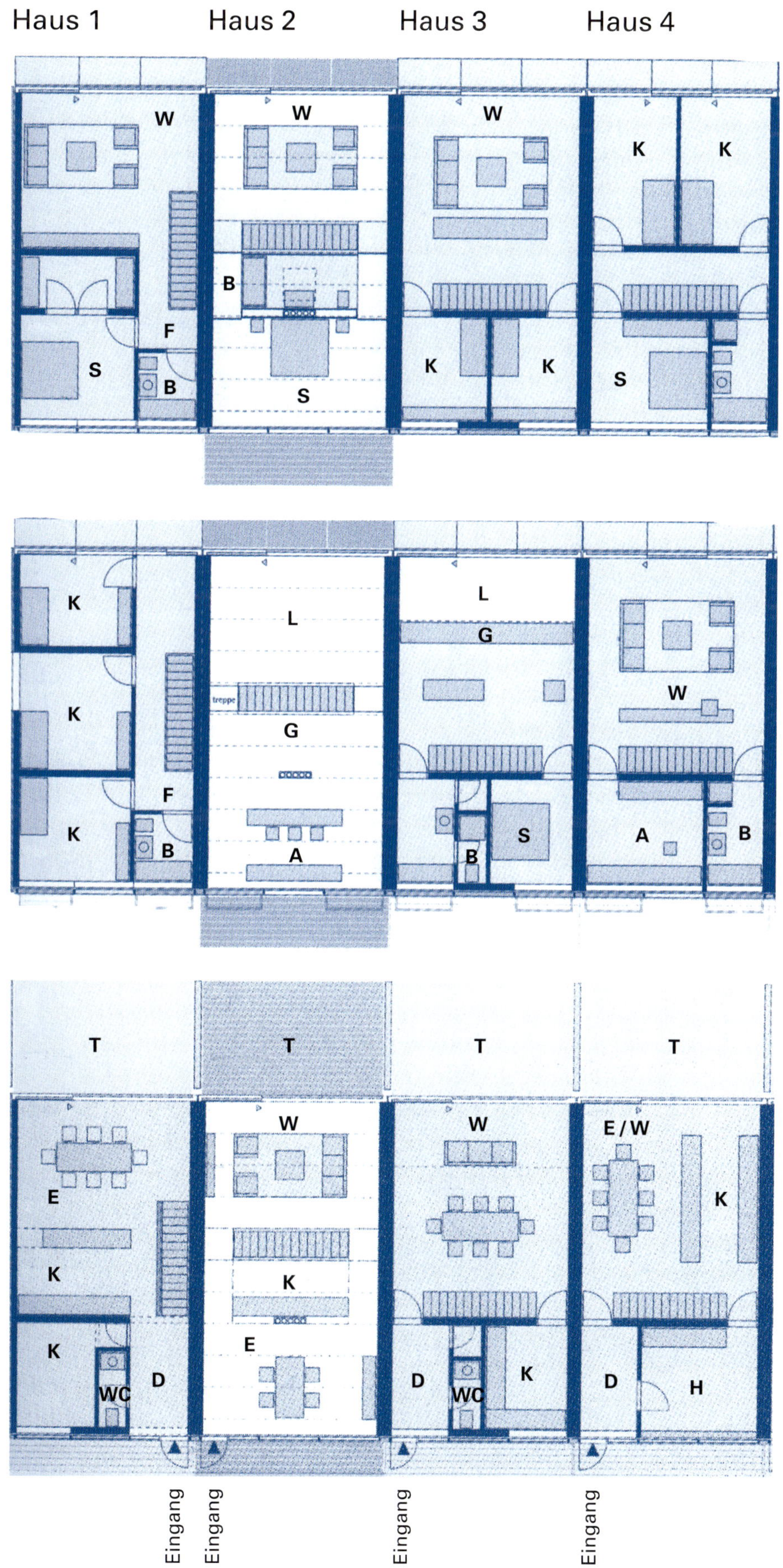

Übung

Es sind vier gleich große Wohnungsgrundrisse abgebildet.

Untersuchen und beschreiben Sie diese und arbeiten Sie die Unterschiede zwischen ihnen heraus! Beschreiben Sie, wie man sich ein Familienleben darin vorstellen kann!

Wie auch immer die juristische Form beim Einzug in die Wohnung aussehen mag, die einzelnen Mitglieder einer Familie nehmen den Binnenraum in ihren Besitz, sie teilen ihn unter sich auf und gliedern ihn in gemeinsame Räume und individuelle Zonen (Räume, Ecken oder Möbelstücke). In jedem Plan, der die Besetzung und Belegung eines Hauses zeigt, spiegelt sich die Struktur der Familie; die räumliche Anordnung der Einrichtungsgegenstände reflektiert den familiären Zusammenhang, die Konflikte, die Herrschaftsbeziehungen, die Gemeinsamkeiten und die Abneigungen.

(...)

Der Essraum, um nur ein Beispiel aus dem Alltagsleben in einem Haus zu nehmen, ist der Ort der kollektiven Aneignung, wo jeder zu derselben Zeit seinen Platz innehat, der seinen besonderen Blickwinkel und Distanzen zu den anderen impliziert. Die Regeln oder Modelle, die die räumliche Verteilung und die Benutzung der Einrichtungs- und Haushaltsgegenstände bestimmen, sind von Land zu Land äußerst unterschiedlich und differieren selbst innerhalb eines Landes zwischen den einzelnen sozialen Klassen. Zum Teil schließen sie einander sogar aus. Die Aneignung der Nahrungsmittel mit der Hand während des Essens ist in einem arabischen Land gleichbedeutend mit einer besonderen Form der Kommunikation zwischen den Personen; die Art und Weise, sich zu setzen, und die Gebärden geben dem Essraum seinen eigentümlichen und anziehenden Charakter. In einer reichen europäischen Familie kann demgegenüber die Anhäufung von Konventionen, Verboten und Verhaltensvorschriften für Kinder dem Essraum einen leblosen Charakter geben, der seine affektive Aneignung drastisch einschränkt.
In anderen sozialen Milieus, in denen die genannten normalen Verhaltensregeln in geringerem Maße wirksam werden, können die Mahlzeiten sehr viel eher einen Ort der Entspannung und des Spaßes darstellen.

P. H. Chombart de Lauwe, 1977

Übung

Nehmen Sie zu den **im Text formulierten Thesen** Stellung.

Werden sie durch Ihre persönlichen Erfahrungen bestätigt? Verfassen Sie kurze, fiktive Texte über ein Essen und die damit verbundenen Gefühle, Stimmungen und Erfahrungen aus der Sicht eines Kindes oder eines Jugendlichen!

Das Kinderbett als abgeschlossene Welt in der größeren des Zimmers

Die Anordnung von bestimmten Räumen und Funktionen kann bestimmte Lebensformen begünstigen oder behindern. Wenn das so ist, muss man davon ausgehen, dass die Wohnung tatsächlich Verhalten prägen, also Menschen verändern kann. Sie erlaubt bestimmte Lebensformen oder verhindert sie – unabhängig von der Frage, ob die Bewohner das bemerken oder gar akzeptieren. Deshalb ist es so wichtig, dass man sich als Bewohner mit seiner gebauten Umgebung auseinander setzt, damit man nicht von ihr »manipuliert« wird und sie besser nutzen kann.

Die Prägung durch eine Wohnung gilt in besonderem Maße für das Kind, das »erwachsen« wird, indem es lernt – auch, indem es sich mit seiner Umgebung auseinander setzt. Das Baby liegt in der Wiege oder im Kinderbett, es hat also einen geschützten, kleinen »Raum im Raum« um sich. Im Krabbelalter aber erobert das Kind seine Welt: Kann es nach draußen sehen oder sind die Fensterbrüstungen zu hoch? Kann es seine Mutter oder seinen Vater in der Küche sehen oder ist die Tür geschlossen? Lebt es mit seinen Geschwistern in einem Zimmer oder allein? Ist der Fußboden kalt oder warm, rau oder glatt?

Was beim Babyzimmer noch von den Eltern gestaltet wurde, wird zunehmend von den Jugendlichen selbst erobert: Die »eigenen vier Wände« zeigen die Person, die darin wohnt.

Was für das Kleinkind eine ideale Wohnumgebung schafft, gilt allerdings nicht mehr, wenn das Kind größer ist, zur Schule geht und Freunde einladen will. Bedürfnisse ändern sich; auch die Familienstruktur bleibt über die Jahre nicht gleich. Veränderungen in der Struktur der Familie ziehen auch welche in der Wohnung nach sich – jedenfalls sollte das so sein. Bei vielen Wohnungen aber ist das nicht möglich, weil sie nicht so gebaut sind, dass sie verändert werden könnten.

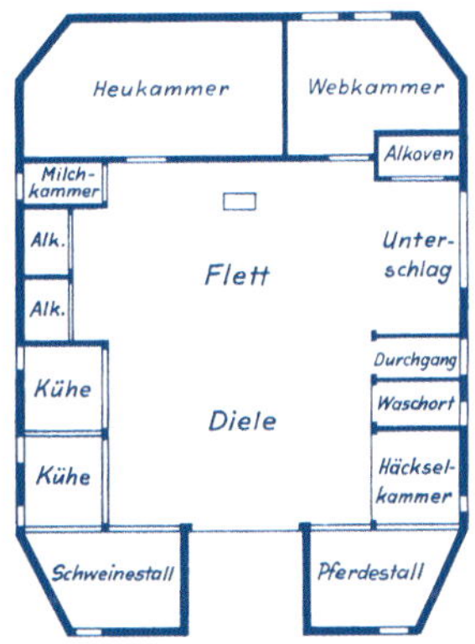

Ein traditionelles niedersächsisches »Einraumhaus«: Mensch und Vieh unter einem Dach.

Gerade heute, wo die Kleinfamilie nicht mehr die Regel ist, wo von der Studentenwohngemeinschaft bis zum »Lebensabschnittsgefährten« viele soziale Gruppierungen vorhanden sind, die sich zudem häufiger als früher ändern, müsste es Wohnungen geben, die leicht anpassbar sind – aber es gibt sie praktisch nicht auf dem Markt. Zumindest die Einrichtung und die Nutzung der Räume müssen individuell veränderbar sein. Ein Blick in den Immobilienteil der Zeitungen bestätigt stattdessen das beliebte Grundriss-Schema: Eingang, Flur mit WC, Küche, Essecke, großes Wohnzimmer, Schlafzimmer, ein oder zwei Kinderzimmer. Die Grundrisse sind sich alle sehr ähnlich. Und die sollen für alle Fälle taugen?

Die Addition verschiedener, einzelnen Funktionen zugeordneter Räume ist Ergebnis eines historischen Prozesses der Differenzierung und Individualisierung der Kleingruppe, die in einer Wohnung lebt. Die Wohnung wurde schrittweise in separate Funktionsbereiche aufgeteilt und für den einzelnen Bewohner »privatisiert«: Vor 2000 Jahren lebte die bäuerliche Familie in Mitteleuropa mit dem Vieh in einem Raum zusammen. Ein erster Schritt war die Einrichtung einer Schlafstube für die Eltern mit den Kleinkindern. Ein »Kinderzimmer« gab es bis in das 19. Jahrhundert nicht. Tatsächlich gab es auch keine »Kinder«: Man sah vielmehr kleine Erwachsene in ihnen, deren Wert darin lag, frühzeitig zur Arbeit herangezogen werden zu können, ohne dass sie Lohn verlangen konnten.

Übung

Beschreiben Sie verbal für folgende soziale Gruppen die Wohnanforderungen:

- **Familie mit 2 Kindern (3 und 8 Jahre alt), die Großmutter wohnt im selben Haushalt**
- **Wohngemeinschaft aus zwei allein erziehenden Müttern und drei Kindern**
- **Familie mit vier Kindern, von denen eines auf den Rollstuhl angewiesen ist**

Erst mit der »Entdeckung der Kindheit« um 1800 änderte sich diese Einstellung. Jetzt wurden auch Kinderzimmer in den Wohnungen derer berücksichtigt, die es sich leisten konnten. Das heißt, der zunehmenden Differenzierung der Räume entsprach eine zunehmende Differenzierung innerhalb der Gesellschaft. Die Wohnung veränderte sich aufgrund gesellschaftlicher Anforderungen.

Um 1800 wurden Spielsachen und Zimmer – und damit ein geschlechtsspezifisches Verhalten – differenziert dargestellt.

(»Spielzimmer der Knaben und der Mädchen«. Kolorierter Kupferstich. J. M. Voltz zugeschrieben, je 19,5 x 26 cm. Aus der Folge »Zwölf Blätter Kinderbilder zur Unterhaltung und mündlichen Belehrung«, um 1835).

Übung

Das Bad mit WC ist ein weiterer, sehr funktionsspezifischer Raum innerhalb der Wohnung.

Beschaffen Sie sich Informationen (Kulturgeschichte, Geschichte der Körperhygiene) und stellen Sie die Entwicklung des Bades bis heute dar. Untersuchen Sie auch, wie sich die Einstellung zum Körper und zur Nacktheit bis heute verändert hat!

Übung

Stellen Sie einen **Funktionsplan und einen Nutzungsplan für eine Küche** im Verlauf eines typischen Tages auf!

Welche sozialen Beziehungen sind durch die Anordnung der anderen Zimmer zur Küche bevorzugt und welche nicht?

Die meisten Darstellungen von Wohnungen, vor allem in den Fachzeitschriften, enthalten auch Symbole für die Anordnung der Möbel. Das erscheint zunächst logisch: Was soll man mit einer Wohnung anfangen, in der man nicht einmal ein Doppelbett aufstellen kann? Andererseits ist »Wohnen« mehr als die Benutzung von Möbeln. Es kommt nicht so sehr darauf an, nur Möbelstellflächen zu arrangieren. Andere Qualitäten einer Wohnung – beispielsweise die Wirkung von Räumen und damit emotionale Aspekte – können wichtiger werden. Leider spiegelt sich das selten im Angebot der Grundrisse.

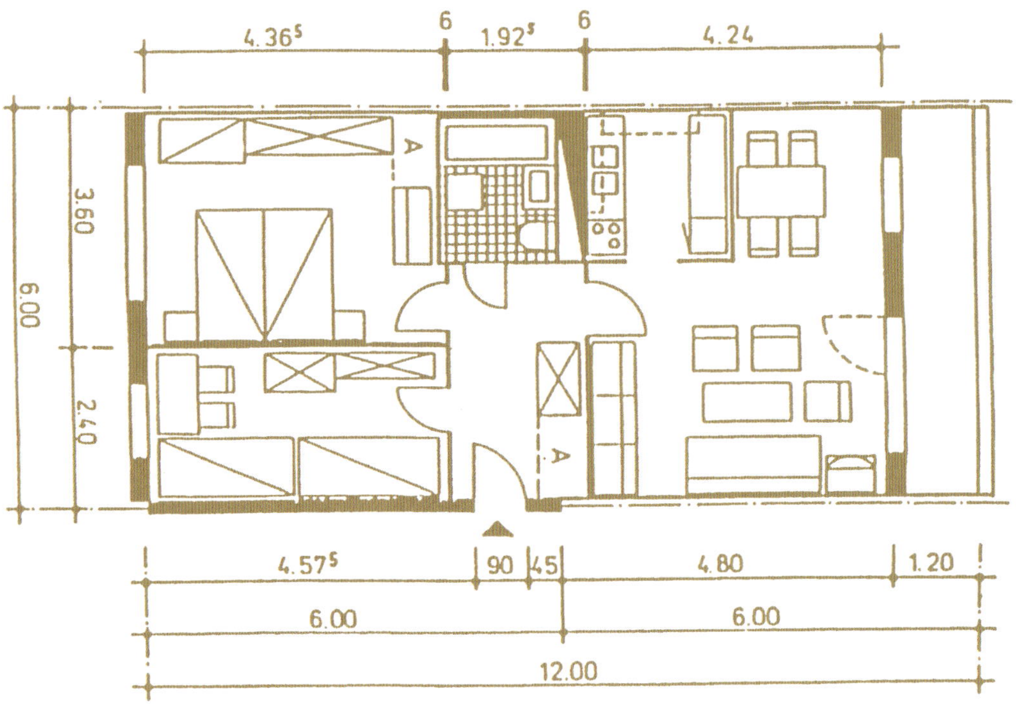

Ein durchaus heute noch typischer Grundriss: Alle Möbel sind untergebracht. Inzwischen sind aber auch andere Qualitäten einer Wohnung gefragt.

Übung

Die **Maßeinheiten**, mit denen bis etwa 1800 gemessen wurde, leiteten sich aus dem menschlichen Körper ab: Elle, Fuß, Spanne.

Der 40 000ste Teil des Erdumfangs als Grundmaß – nämlich als ein Meter – ist eine sehr unsinnliche, abstrakte Einheit.

Nehmen Sie ihre wichtigsten eigenen Maße (Länge, Schulterbreite, Kniehöhe, ausgebreitete Arme), errechnen Sie den »Kursdurchschnitt« und entwerfen Sie danach die Maße von einigen Möbeln (Esstischhöhe, Breite eines Essplatzes, Stuhlhöhe und -fläche, Sesselhöhe usw.). Vergleichen Sie anschließend mit den tatsächlichen Maßen von Möbeln!

Wohnen ist auch Selbstdarstellung: Der Unternehmer (oben) wohnt anders als die angehende Lehrerin (unten). Das ist zum einen eine Frage des Prestiges, zum anderen eine der eigenen Identität.

Übung

Beschreiben Sie den **Stil der Wohnungseinrichtung** in den beiden Abbildungen. Stellen Sie Vermutungen über Einrichtungsvorlieben und gesellschaftliche Stellung der beiden Bewohner an.

Gestalten Sie eine Bilderserie, indem Sie Personen Ihrer Wahl in deren Wohnumgebung/Lieblingsraum fotografieren. Die Personen sollten ein kurzes Statement zum eigenen Wohnen abgeben, das als Bildunterschrift dient.

Übung

Untersuchen Sie anhand von **Möbelkatalogen** unterschiedliche Arten der Einrichtung!

Was scheinen die verschiedenen »Stile« über die Personen auszudrücken, die sie verwenden?

Ein wichtiger Aspekt des Wohnens ist das Prestige, das Wohnen als Statussymbol für die eigene Stellung in der Gesellschaft. Nicht nur das Haus selbst (freistehendes Einfamilienhaus, Villa usw.) drückt aus, wie sich der oder die Bewohner in einer Gesellschaft darstellen, um ihre Position zu markieren. Auch die Wohnung und ihre Einrichtung sind Belege für einen Lebensstil – einen tatsächlichen oder einen gewünschten. Ob einer »altdeutsch« oder modern wohnt, spiegelt eine Einstellung wider.

Gestaltungsmöglichkeiten eines Zimmers

Die verschiedenen Faktoren, die den Charakter einer Wohnung ausmachen, werden subjektiv erlebt. Die Höhe eines Raumes ist objektiv messbar, aber sie wirkt unterschiedlich auf ein kleines Kind oder einen Zweimeter-Mann. Ein Zimmer wirkt anders je nachdem, ob die Wände weiß oder schwarz gestrichen, das Fenster in der Mitte der Wand oder in der Ecke angeordnet wird, der Fußboden mit Metallplatten, Holz oder Teppichboden belegt ist. Aber die Fragen, die daraus entstehen, sind schwierig zu beantworten: Sind diese Wirkungen bei allen Menschen gleich, unabhängig von Alter, Gesellschaftsschicht und kultureller Herkunft? Worin bestehen die Wirkungen eigentlich? Was genau löst sie aus?

Erfasst werden die Unterschiede eines Zimmers durch die menschlichen Sinne; erst danach können sie (müssen aber nicht) rational reflektiert werden.

Übung

Beschreiben Sie in zwei unterschiedlichen Medien (z. B. Zeichnung, Fotos, Text, Interview) ein und dieselbe **Wohnsituation in einem Zimmer** (das kann das eigene sein, aber auch das Einzimmer-Appartement des Singles, das Zimmer im Altersheim o. ä.).

Lassen sich objektive und subjektive Elemente des Erlebens des Zimmers trennen (»der Tisch ist 74 cm hoch« – »Der Tisch wirkt niedrig«)?

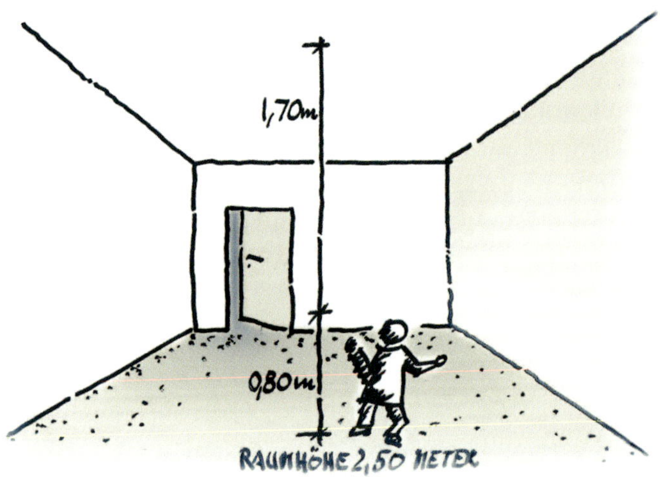

Übung

Beschreiben Sie, wie sich **die verschiedenen Arten sinnlicher Wahrnehmung** (Sehen, Hören, Fühlen, Riechen) beim Erfassen eines Raumes auswirken und den Wahrnehmungsprozess beeinflussen!

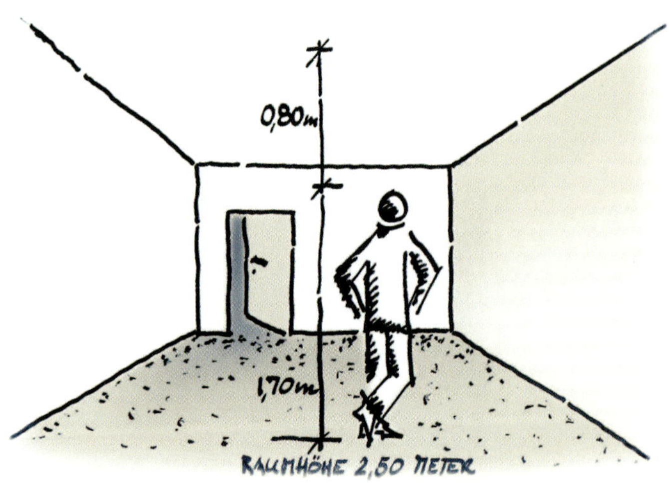

Der Raum ist der Gleiche – aber jeder erlebt ihn anders: Der eine ist zu klein, um aus dem Fenster zu schauen, der andere zu groß, um durch die Tür zu kommen, ohne sich zu bücken.

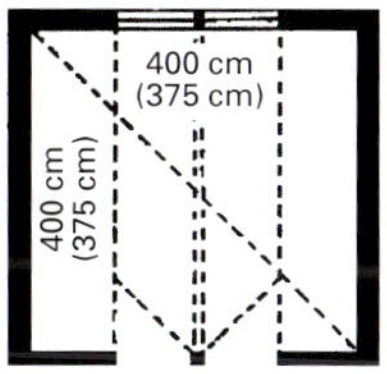

Raumschema

Mindestraumgröße
4 x 4 m = 16 m^2

Bei Verzicht auf Variante D
3,75 x 3,75 = 14 m^2

A 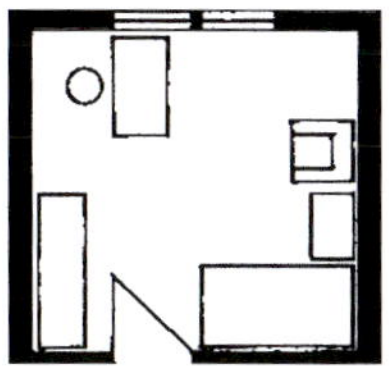

1 Person

B 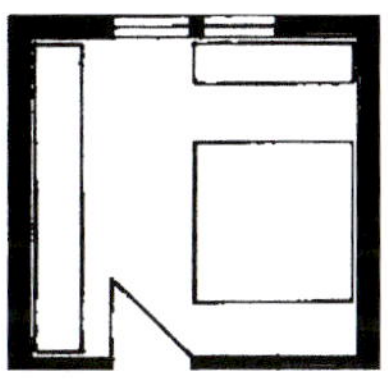

Eltern

C 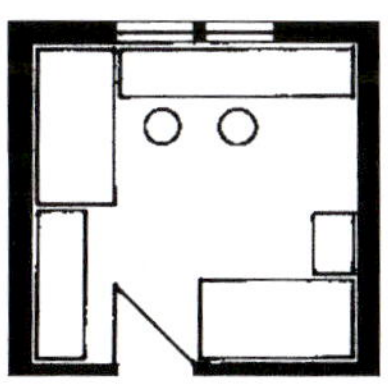

2 Personen (Kinder)

D 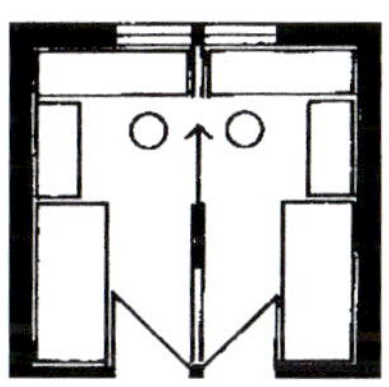

2 Kinder, Raumteilung

E 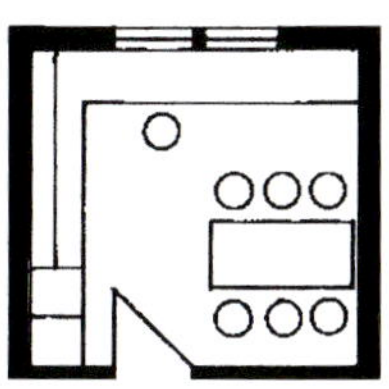

Essküche

F 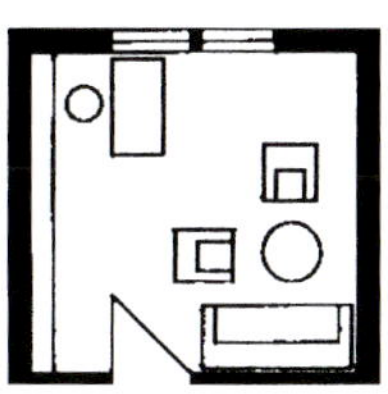

Wohnraum

Ein Raum, sechs Varianten: Wohnen heißt auch, verschiedene Bedürfnisse an Räume anzupassen.

Jeder Raum einer Wohnung – aber auch jeder andere Raum – wird geprägt durch die Faktoren

- → Grundform
- → Proportion
- → Farbe
- → Material
- → Belichtung und Beleuchtung (tags und nachts)
- → Akustik
- → Art der Möblierung

Übung

Der Kurs stellt eine Versuchsreihe auf, die die unterschiedlichen Wirkungen der Faktoren beschreibt.

Es werden drei Modelle eines 20 qm großen Zimmers mit unterschiedlichen Grundrissproportionen gebaut (wenn möglich, mindestens im Maßstab 1 : 10).

Anschließend werden einzelne Faktoren geändert: Höhe der Decke; Lage und Größe des/der Fenster und der Tür; Farbe, Materialien. Die einzelnen Phasen werden fotografisch festgehalten und ihre Wirkung von jedem einzelnen Schüler/jeder Schülerin beurteilt.

Anschließend werden die Ergebnisse verglichen, um herauszufinden, ob die verschiedenen Wirkungsweisen objektivierbar sind oder subjektives Empfinden widerspiegeln.

Im Ergebnis der Versuchsreihe wird man feststellen, dass es sehr schwer ist, eindeutige, für alle Personen gleiche Aussagen über die Wirkungen der genannten Faktoren zu treffen. Ein breites Feld wissenschaftlicher Untersuchungen zwischen der Soziologie (Welche Lebensstile bevorzugen welche Wohnweisen?), der Wahrnehmungs- und Umweltpsychologie (wie nimmt das Individuum etwas wahr? Wie reagiert es auf seine Umgebung?) und der Physiologie (z.B. Wohnprobleme älterer Menschen) befasst sich mit den Aspekten des Wohnens und seiner Wahrnehmung.

Zum Beispiel die Farbe: Man spricht von »warmen« und von »kalten« Farben, obwohl doch deren objektive Temperatur gleich ist. Offenbar empfindet man subjektiv die Farben anders als objektiv. Denn Farben wirken sich – das haben entsprechende Experimente ergeben – auf körperliche Vorgänge wie Stoffwechsel, Puls- und Atemfrequenz aus, aber auch auf Stimmungen, auf Fühlen und Denken. Sie haben also eine physikalische und eine physiologische Funktion. Jedem objektiven Farbreiz aus der Außenwelt entspricht eine subjektive Reaktion in unserer Innenwelt, der bei Menschen eines Kulturkreises ähnlich, aber bei jedem einzelnen unterschiedlich ist.

Bevorzugte Einrichtungsstile (tatsächlich vorhandener Einrichtungsstil in Klammern)

Die Soziologen unterscheiden heute nicht mehr nach Klassen, sondern nach Lebensstilen, die sich auch in der unterschiedlichen Einrichtung einer Wohnung zeigen. Dabei deckt sich die eigene Einschätzung nicht immer mit der Wirklichkeit der Wohnung.

funktional 23% (30%)

klassisch 20% (21%)

englisch 12% (14%)

erlesen 19% (10%)

zweckmäßig 7% (11%)

rustikal 15% (10%)

progressiv 3% (2%)

Farbwirkungen

Farben lassen einen Raum verschieden wirken, obwohl es immer der gleiche ist. Derselbe Effekt würde bei gleichem Raum auch durch andere Möbel entstehen.

Neben der unterschiedlichen Temperatur, die wir mit Farben verbinden – tatsächlich empfindet man einen Raum in der »kalten« Farbskala Blau, Grünblau, Violett als 3° C bis 4° C kälter als einen in Gelb, Orange oder Rot – kann man die Farbe auch für Stimmungen (»leise« oder »laut«, »trocken« oder »feucht«) und für bestimmte Raumwirkungen einsetzen. Warme, kräftige Farben wie Rot und Gelb suggerieren Nähe, Blau und Grün hingegen Ferne. Daraus folgt, dass Farben auch die Blickführung und die Bewegungsabläufe von Personen lenken und die Wahrnehmung der Raumproportionen beeinflussen können.

Aus diesen experimentell ermittelten Erkenntnissen, die man auch für unterschiedliche Materialien (Holz ist »warm«, Glas »kalt«) angestellt hat, kann man einige Konstanten und Wahrscheinlichkeiten herleiten – aber eine Art »Lexikon des Wohnens«, in dem beschrieben würde, wie welche Faktoren auf welche Menschen wirken, kann es nicht geben. Der Architekt arbeitet als Fachmann auf diesem Gebiet.

Übung

Beurteilen Sie **die unterschiedlichen Farbwirkungen** des Raumes auf Seite 69.

Gibt es innerhalb der Gruppe eine weitgehende Übereinstimmung in der Raumwahrnehmung? Gibt es anders lautende Beurteilungen? Erstellen Sie für jeden Raum eine Liste der Wirkungen (z. B. anregend, heiter, bedrückend, kühl usw.) und halten Sie die Zustimmung in der Gruppe in Prozenten fest.

Übung

Entwerfen Sie in Grundriss, Ansicht und Isometrie ein »**Mehrzweckmöbel**«, das möglichst viele Wohnfunktionen erfüllen kann! Bauen Sie ein Modell davon!

Übung

Entwerfen Sie Ihr »**Traumzimmer**« oder Ihre »**Traumwohnung**«.

Die Darstellung – Text, Bild, Zeichnung, Modell – soll so gewählt werden, dass sie dem Projekt adäquat ist und dessen Charakter verstärkt.

Unterschiedliche Wohnformen für unterschiedliche Gruppen

Wohnen findet nicht nur in der abgeschlossenen Wohnung statt. Man wohnt im Hotel – manche Menschen, wie Udo Lindenberg, jahrelang! Man wohnt, auf der Kreuzfahrt, zwei Wochen lang auf einem Schiff oder nur eine Nacht im Schlafwagen. Bestimmte Gruppen der Bevölkerung wohnen in speziell für sie eingerichteten Häusern: Kinderheimen, Studentenwohnheimen, Klöstern, Altersheimen. Man wohnt, wenn auch nicht freiwillig, im Knast.

Diese Einrichtungen unterscheiden sich von der einzelnen Wohnung vor allem dadurch, dass eine deutliche Teilung in einen individuellen und einen gemeinschaftlich zu nutzenden Bereich stattfindet: Einem Zimmer für eine oder zwei Personen stehen Speisesäle, Bibliotheken, Spielzimmer oder Schulungsräume gegenüber, je nach der Art der Einrichtung.

Übung

Stellen Sie für verschiedene Gemeinschaftswohnanlagen (Heime) die Funktionen dar, die von allen genutzt werden.

Welche Einrichtungen einer Stadt entsprechen diesen? Kann man sagen, eine Wohnung oder ein Heim für eine Gruppe von Menschen ist eine »Stadt im Kleinen«? Wo liegen die Unterschiede zwischen beiden?

Auch das sind Heime zum Wohnen: Zwei Arten von Unterkünften für Asylbewerber in Hamburg. Wie empfängt man Menschen, die aus Not nach Deutschland kommen? Container oder Holzhäuser, die für eine begrenzte Zeit errichtet wurden.

Einige Literaturhinweise

Alexander, Chr.:
Eine Muster-Sprache. Wien 1995

Bollnow, O.:
Mensch und Raum. 1990

Faller, P.:
Der Wohnungsgrundriss. Entwicklungslinien 1920 – 1990. Stuttgart 1996

Flade, A.:
Wohnen psychologisch betrachtet. Bern, Stuttgart, Toronto 1987

Häußermann, H./Siebel, W.:
Soziologie des Wohnens. Weinheim/München 1996

Heller, E.:
Wie Farben wirken. Reinbek 1989

Ritterfeld, U.:
Psychologie der Wohnästhetik: Wie es uns gefällt. Weinheim 1996

Schneider, N./Spellerberg, A.:
Lebensstile, Wohnbedürfnisse und räumliche Mobilität. Opladen 1999

Spengemann, K.-L.:
Architektur wahrnehmen. 1993

Silbermann, A.:
Neues vom Wohnen der Deutschen (West). Köln 1982

Weber-Kellermann, I.:
Die Familie. Frankfurt/Main 1976

Im Wandel der Zeit

Im Wandel der Zeit

Die Familie am Kaffeetisch (um 1910): Nicht nur Mobiliar oder Kleidung ändern sich, auch die Tischsitten.

Heute *wurde* heute

Jeder kann den Ort beschreiben, an dem er wohnt: Für die meisten Jugendlichen ist es das »Kinderzimmer« in der Wohnung, in dem man vom Säuglingsalter an gelebt hat. Wenn man älter wird, wird es mit größerem Bett und Schreibtisch als »Jugendzimmer« deklariert – offenbar haben sich die Bedürfnisse des Menschen darin geändert, und das Zimmer konnte die Veränderung mitmachen.

Aber weder die Trennung nach Geschlecht noch der abgeschlossene Raum für Kinder noch das Akzeptieren überhaupt, dass Kinder etwas anderes sind als kleine Erwachsene, ist »natürlich«. Es hat sich vielmehr im langen Prozess der Zivilisation entwickelt. Selbst im europäischen Ausland sind diese Ge-Wohnheiten nicht überall gleich, geschweige denn in anderen Kulturkreisen. Und die Frage ist keineswegs entschieden, ob der Weg der »Zivilisierung« auch immer ein »Fortschritt« war; ob die frühere Großfamilie nicht durchaus soziale Qualitäten besaß, die wir heute schmerzlich vermissen; ob das Aufgehobensein in einer Gruppe nicht ein befriedigenderes Leben bietet als das des Singles in der Großstadt.

Wohnen, die Wohnung ist etwas Gewordenes. Bedürfnisse und Möglichkeiten haben bestimmte Wohnformen hervorgebracht: Die Frage der Unterbringung der Familie, der Beziehung zum Arbeitsplatz, der Orientierung innerhalb einer Stadt und der Wunsch, sich nach außen, gegenüber »den anderen« darzustellen, definieren die Nachfrage. Die Möglichkeiten aber entsprechen keineswegs immer den Bedürfnissen. Die finanziellen Mittel, der Wohnungs*markt* mit dem Angebot an Grundrisszuschnitten und Flächenaufteilung entsprechen häufig nicht den Wünschen. Auch die Tatsache, dass es heute einen Wohnungsmarkt gibt, ist nicht selbstverständlich, sondern Ergebnis einer bestimmten Wirtschaftsordnung.

Die geschichtliche Betrachtung zeigt nicht nur, *wie* sich das Wohnen verändert hat. Sondern sie macht verständlich, *warum* sich Menschen in bestimmten sozialen, politischen, ökonomischen und klimatischen Bedingungen so oder so eingerichtet haben. Ein Rückblick in mehreren Zeitschnitten soll das verdeutlichen.

Übung

Führen Sie ein **Gespräch mit Ihren Großeltern** oder anderen Personen, die die Zeit um 1945 und/oder die der Dreißigerjahre erlebt haben.

Wie haben diese gewohnt? Lassen Sie sie ihre Wohnung möglichst detailliert beschreiben! Kann man einen Grundriss danach zeichnen? Wie viele Menschen lebten auf wie viel Fläche? Worin unterschied sich die soziale Gruppe innerhalb einer Wohnung (z.B. die Familie) damals von der heutigen? Wie kann man die Einrichtung der Wohnung beschreiben? Gibt es Fotos, die die Unterschiede zu heute deutlich machen?

Auch hier kommt es darauf an, das Empfinden der befragten Personen mit dem zu konfrontieren, was objektiv war, soweit sich das feststellen lässt. Haben mehrere Personen, die in derselben Wohnung gewohnt haben und befragt werden können, diese unterschiedlich erlebt und empfunden?

1. Jahrhundert n. Chr. – zwischen Bärenhaut und Kline

Die Völker Germaniens, unsere Vorfahren, haben zwar nicht auf den sprichwörtlichen Bäumen gesessen, aber die Römer fanden auch keine »städtische Kultur« vor, als sie sich nach Norden aufmachten. Da nach der Schlacht im Teutoburger Wald, wo Herrmann der Cherusker 9 n.Chr. den römischen Feldherrn Varus schlug, Germanien in zwei durch den Limes getrennte Einflusssphären geteilt war, hielten sich die verschiedenen Kulturen nebeneinander: Südlich des römischen Schutzwalles wurde das Leben weitgehend durch römische Besatzung, römisches Recht und römische Stadt-Kultur bestimmt, die sich mit der einheimischen vermischte; nördlich davon wurde die germanische Lebensweise mit den verschiedenen Stammesunterschieden Jahrhunderte lang im Kern beibehalten.

Letztere war eine bäuerliche Kultur, wie sie sich seit dem Ende der letzten Eiszeit herausgebildet hatte. Sie setzte zwar die Sesshaftigkeit der Menschen voraus, bildete aber nicht das Spezialistentum verschiedener Berufe aus, das die Stadt prägt.

Je nach den verfügbaren Ressourcen hatten sich in Zentraleuropa vorwiegend Holzbauweisen für die Häuser entwickelt, die sich zu Dörfern gruppierten. Die vielfältigen Formen des Fachwerkhauses in Deutschland waren Ergebnis von verfügbarem Material, klimatischen und geografischen Gegebenheiten und funktionalen Anforderungen – in gebirgigem Gelände konnte man keine großflächigen Häuser errichten, deshalb wurden Stallungen und Wohnhaus getrennt gebaut, während im norddeutschen Flachland »Wohnstallhäuser« überwogen, bei denen Vieh und Mensch unter einem Dach wohnten.

Jungsteinzeitliches Dorf, Aichbrühl, Kreis Biberach/Riß (Rekonstruktion)

Was als »Dorf« galt, war nicht von der Zahl der Einwohner abhängig. Vielmehr ging es um die gemeinsame wirtschaftliche Grundlage in der Landwirtschaft. Das hieß nicht, dass alle Bewohner gleich waren; auch in germanischer Zeit gab es erhebliche Standesunterschiede zwischen dem Fürsten und den Bauern, die von Adel oder Klerus abhängig waren und für diese wirtschafteten.

Der Bauer bewirtschaftete mit Frau und Kindern – vielleicht noch mit seinen Eltern (»Altsassen«) zusammen – einen ganzen Hof; wer es sich leisten konnte, beschäftigte Knecht oder Magd. Am untersten Ende der wirtschaftlichen und sozialen Leiter standen die Bauern ohne eigenes Land, die sich als Tagelöhner verdingen mussten; sie wohnten als »Käthner« in schäbigen Häusern (Katen oder Kotten). Aber auch die wohlhabenderen Bauern wohnten meist nur in Häusern mit gestampftem Lehmboden. Es gab einen Herd mit offenem Feuer, einen Backofen, häufig einen Webstuhl – man war Selbstversorger. Im Wohnstallhaus lebte man mit dem Vieh unter einem Dach in je abgeteilten Bereichen – das war zweckmäßig, weil die Wärme des Viehs das Haus erwärmte (vergleiche auch Seite 62). Dennoch war es in den Häusern im Winter ständig kalt, man lebte um das Feuer herum. Einzelne Zimmer gab es noch nicht, allenfalls einen mit einer Wand aus Flechtwerk abgeteilten Verschlag; im gemeinsamen Wohnraum wurde gearbeitet, gegessen, geschlafen.

In diesem Wohnraum war es dunkel, Glas für Fenster war praktisch unbekannt, deshalb hielt man die Öffnungen klein; es stank nach den verschiedenen Ausdünstungen, das Feuer qualmte, es war eng. Man besaß die Gegenstände und Möbel, die auch heute noch als notwendig gelten – Tisch und Bank oder Stühle, Truhe als Ersatz für einen Schrank, Bett (wenn auch nicht für jeden eines), dazu den Kochkessel, Trinkgefäße, Messer und Löffel. Teller hingegen gab es noch nicht; bis ins Mittelalter hinein wurde aus Vertiefungen im hölzernen Tisch gegessen.

Jungsteinzeitliches Bauernhaus (Rekonstruktion, die teilweise nicht gesichert ist)

Römisches Feldlager, wie es überall im römischen Weltreich nach gleichem Bauplan errichtet wurde (Batavodurum/Nijmegen)

Der von den Römern besetzte Teil Germaniens erstreckte sich von der Rheinmündung linksrheinisch bis knapp südlich von Bonn, von dort verlief der Limes nördlich von Mainz bis etwa nach Regensburg an der Donau. In dieses Gebiet, »Germania inferior« und »superior«, exportierten die Römer ihre im Vergleich zur germanischen überaus verfeinerte Kultur und damit die Stadt und eine allen gemeinsame Verwaltung. Dabei spielte das Militär die zentrale Rolle; das immer gleich aufgebaute Heerlager – ein Rechteck mit einem sich kreuzenden Straßensystem von *Cardo* und *Decumanus* – war Gründungszelle zahlreicher deutscher Städte; noch heute kann man das System zum Beispiel im Stadtplan von Köln erkennen.

Die verschiedenen Militärlager mussten aber auch verbunden werden – so entstand ein ausgedehntes Fernstraßensystem. Und man trieb mit den Germanen Handel, da man sich aus dem Land ernähren musste; so erweiterten sich die Lager um germanische Siedlungen, in denen auch der nichtmilitärische Tross der Truppen wohnte.

Das Militärlager war eine standardisierte Einheit. Im Zentrum lagen Verwaltung, Ort der Rechtssprechung, Tempel und Versammlungsort und damit die Grundkomponenten jeder selbstständigen Stadt. Hinzu kamen Geschäftslokale und Kneipen sowie Freizeiteinrichtungen wie das Bad und die Sportanlagen, bei größeren Städten auch ein Theater. Ein Straßenraster teilte die Fläche in *Insulae*, die parzelliert wurden und dem Wohnen dienten – mit erheblichen sozialen Unterschieden: Der gemeine Soldat hatte Anspruch auf 2 qm Fläche, der Centurio bewohnte ein etwa 1600 qm großes Haus, das Haus eines Lagerkommandanten konnte eine Grundfläche bis zu 8500 qm haben.

Ladenzeile in einem Handwerkerviertel (Rekonstruktion, Modell im Archäologischen Park in Xanten)

Die Häuser der zivilen Siedlungen bildeten bereits Vorformen mittelalterlicher Bauweisen, wie wir sie kennen: Es waren meist eine Art »Reihenhäuser«, schmale, lang gestreckte Aneinanderreihungen von Bauten, häufig mit einem Ladenlokal oder einer Werkstatt zur Straße hin. Auch hier konnte, wer reich geworden war, sich mehr leisten; es gab große, repräsentative Wohnhäuser mit Säulengängen und Atrien. Aber auch bei den weniger Wohlhabenden waren die Häuser stärker in einzelne Räume differenziert, als es die germanischen waren.

Die römischen Sitten prägten die Bauten; so war das *Triklinium,* der Speiseraum mit den *Klinen* (Speisesofas), einer der wichtigsten Räume des Hauses, weil das repräsentative Essen mit Gästen Teil kulturellen Lebens war. Zum Speiseraum, der bei weniger wohlhabenden Schichten wohl auch als Kombination mit der Küche bestand, kamen Vorratsräume im Keller und Schlafräume im Obergeschoß hinzu.

Öffentliche Bäder gehörten zur Grundausstattung einer von Römern bewohnten Stadt; Baden war eine soziale Angelegenheit, nicht nur Teil der Hygiene. Darüber hinaus waren in den Häusern der Oberschicht private Bäder vorhanden, die zum Teil sehr aufwendig gebaut und geschmückt waren. Das Bad setzt die Anlage einer Heizung voraus; aber auch in kleineren Häusern war wohl ein Raum beheizbar, entweder mit einem offenen Feuer oder durch Fußboden- oder Wandheizung. Glas als durchscheinendes, aber wegen der Dicke und Rundung (Butzenscheiben) nicht durchsichtiges Material für die Fenster war den Wohlhabenden vorbehalten.

Römischer Speiseraum (Rekonstruktion im Archäologischen Park in Xanten)

Küche eines römischen Wohnhauses (Rekonstruktion im Archäologischen Park in Xanten)

Die Germanen

Dass die Völkerschaften der Germanen keine Städte bewohnen, ist hinreichend bekannt, ja dass sie nicht einmal zusammenhängende Siedlungen dulden. Sie hausen einzeln und gesondert, gerade wie ein Quell, eine Fläche, ein Gehölz ihnen zusagt. Ihre Dörfer legen sie nicht in unserer Weise an, dass die Gebäude verbunden sind und aneinander stoßen: Jeder umgibt sein Haus mit freiem Raum, sei es zum Schutz gegen Feuersgefahr, sei es aus Unkenntnis im Bauen. Nicht einmal Bruchsteine oder Ziegel sind bei ihnen im Gebrauch; zu allem verwenden sie unbehauenes Holz, ohne auf ein gefälliges oder freundliches Aussehen zu achten. (...)

In jedem Hause wachsen die Kinder nackt und schmutzig zu diesem Gliederbau, zu dieser von uns bestaunten Größe heran. Die Mutter nährt ein jedes an der eigenen Brust, und man überlässt sie nicht Mägden oder Ammen. Herr und Knecht werden unterschiedslos ohne Zärtelei aufgezogen; unter demselben Vieh, auf demselben Erdboden verbringen sie ihre Zeit, bis das wehrhafte Alter die Freien absondert, ihre Tüchtigkeit sich geltend macht. (...)

Gleich nach dem Schlafe, den sie häufig bis in den lichten Tag hinein ausdehnen, waschen sie sich, öfters warm, da bei ihnen die meiste Zeit Winter ist. Nach dem Waschen speisen sie; jeder hat einen Sitz für sich und einen eigenen Tisch. Dann gehen sie in Waffen an ihre Geschäfte und nicht minder oft zu Gelagen. Tag und Nacht durchzuzechen, ist für niemanden eine Schande. (...)

nach Tacitus, ca. 1. Jh. n. Chr.

Eine römische Villa

vollständige Texte unter www.aknw.de oder www.akh.de

Zuerst begegnet uns eine einfache, aber doch nicht ärmliche Halle, dann läuft ein Säulengang in der Form eines D herum, der einen kleinen, aber hübschen Hofraum einschließt. Dieser Säulengang bildet einen vortrefflichen Aufenthaltsort bei schlechtem Wetter, denn er ist durch Glasfenster und noch mehr durch vorspringende Wetterdächer geschützt. Dem Säulengang mitten gegenüber befindet sich ein heiteres Empfangszimmer, daneben ist ein reizend eingerichteter Speisesaal, der bis zur Küste vorspringt, und wenn einmal der Südwestwind das Meer stürmisch erregt, dann bespülen ihn leicht die bereits sich brechenden und verlierenden Wellen. Auf allen Seiten hat dieses Gemach Flügeltüren oder Fenster, die ebenso hoch sind wie die Türen, und dadurch hat man von beiden Seiten und von vorne sozusagen auf drei Meere Aussicht. Hinten sieht man den Empfangssaal, die Säulenhalle, den Hof, dann wieder die Säulenhalle, hernach das Vorhaus, Waldungen und die fernen Berge.

Links vom Speisesaal befindet sich, etwas zurückspringend, ein geräumiges Zimmer, dann ein anderes, kleineres, das durch ein Fenster die Strahlen der Morgensonne einlässt und durch das andere der Abendsonne Zutritt gewährt; auch von diesem aus sieht man das Meer, zwar aus größerer Entfernung, aber dafür ungestörter. Dieses Zimmer bildet mit dem vorspringenden Speisezimmer einen Winkel, der die direkten Sonnenstrahlen in einem Brennpunkte vereinigt. Dies ist der Winteraufenthalt und zugleich der Turnplatz meiner Leute. Hier schweigen alle Winde, ausgenommen diejenigen, die dunkles Gewölk herbeifahren und dem Orte eher seine Helligkeit als seine Brauchbarkeit rauben.

Plinius d. J., 1. Jh. n. Chr.

Nürnberg um 1490: Der Inbegriff der spätmittelalterlichen Stadt mit hoch aufragenden Türmen und der Stadtmauer, die die Stadt nach außen hin begrenzt

(Kolorierter Holzschnitt aus Hartmann Schedel, Liber cronicarum [Weltchronik], Nürnberg 1493)

Um 1600: Bild einer heilen Welt?

Für viele Menschen heute stellt die mittelalterliche Stadt ein Ideal dar; nicht umsonst sind Quedlinburg oder Dinkelsbühl, Rothenburg ob der Tauber oder Melsungen für Besucher höchst attraktiv. Das Gefüge aus Marktplatz, Rathaus, Kirche und Bürgerhäusern, von einer Stadtmauer umwehrt, verkörpert das Ideal einer geschlossenen, verständlichen Stadtanlage.

Das Bild ist in zweierlei Hinsicht falsch. Zum einen sind die überlieferten »mittelalterlichen« Städte nur die, die nach dem Dreißigjährigen Krieg bewahrt wurden, sie stammen also aus der frühen Neuzeit. Zum anderen ist die Vorstellung falsch, diese Städte hätten sich »natürlich« entwickelt; sie waren in der Regel vielmehr genau geplante Anlagen, häufig gebaut zum Machterhalt eines Fürsten oder zur »Wirtschaftsförderung«.

»Die« mittelalterliche Stadt gibt es nicht. Einige Städte entwickelten sich aus den beschriebenen römischen Anlagen, andere aus einer vorhandenen Burg, einem Bischofssitz oder einem Kloster. Deren Befestigung bot Schutz. Auch gab es vollständig neue Gründungen von Städten, die zur Sicherung territorialer Ansprüche eines Fürsten angelegt wurden.

Marktplatz von Quedlinburg

Die Gründung der Stadt ging also häufig von einem weltlichen oder klerikalen Machthaber aus. Dieser musste der Stadt bestimmte Rechte einräumen (Stadtrecht, Marktrecht, das Recht auf Selbstverwaltungsgremien und die niedere Gerichtsbarkeit, das Recht auf ein eigenes Zunftwesen und das der Selbstverteidigung), um andererseits die Festigung seines Herrschaftsbereiches als Gegenleistung verlangen zu können. Durch das Wachstum der Bevölkerung wurden immer mehr selbstständige Gewerbe, vom Handwerk bis zum Fernhandel, wirtschaftlich tragfähig. Wer aber wirtschaftlich unabhängig war und sich innerhalb der Stadtmauern selbst verteidigen konnte und musste, ließ sich nur ungern etwas befehlen. In langen Auseinandersetzungen wurden deshalb immer mehr Stadtrechte gegen die jeweiligen Herrscher erkämpft. »Stadtluft macht frei nach Jahr und Tag« – das war auch Ausdruck des Aufbegehrens gegen die unfreien Herrschaftsverhältnisse des Feudalismus: Wer in der Stadt wohnte, besaß eigene Rechte.

Was sich heute noch zwischen Rathaus, Markt und Kirche ablesen lässt, ist das Ergebnis der Auseinandersetzung unterschiedlicher Interessengruppen. Wenn, wie in Lübeck, die Bischofskirche am Stadtrand, die Bürgerkirche aber im Zentrum liegt, dann spiegeln sich darin Machtverhältnisse. Freiheit, wirtschaftliche Unabhängigkeit, gar wenn die erkämpft wurden, machen selbstbewusst. Das wichtigste Ergebnis aus den Freiheiten des Stadtlebens war die gleichberechtigte Auseinandersetzung unter den Bürgern »auf dem Markt«. Die wurde in der Stadt friedlich, nach festgelegten Regeln ausgetragen – das macht »Öffentlichkeit« aus.

Die mittelalterliche Stadt umfasste einige differenzierte Bautypen: Rathaus und Stadtkirche lagen meist am zentralen Markt, die Stadtmauer mit ihren Türmen und Toren umschloss das Ganze und bildete eine präzise Grenze zwischen drinnen und draußen. Dazu kamen Funktionsbauten wie das Zeughaus als Waffenlager, Klöster und andere kirchliche Einrichtungen, zu denen auch die Hospitäler gehörten, öffentliche Bäder, Tanzhäuser und Zunft- oder Gildenhäuser, ferner Lager und Speicher für bestimmte Produkte und Vorräte.

Lübeck

1 Dom 1163
2 St. Ägidien
3 St. Jakob
4 St. Marien 1170
5 St. Petri 1170
6 Burgtor
7 Holstentor
8 Hüxter Tor
9 Mühlentor
10 Burg
11 Markt
12 Rathaus
13 Bauhof

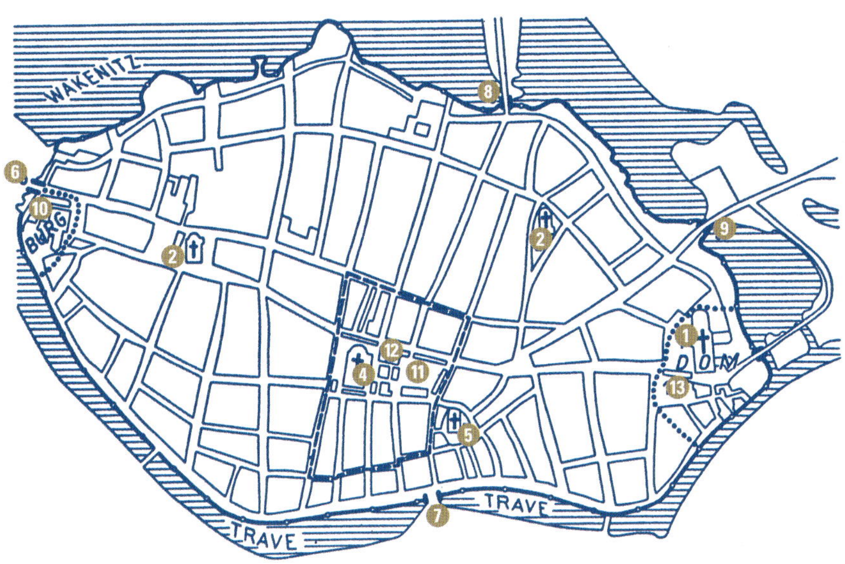

Die Gesellschaft war nach heutigem Verständnis keineswegs demokratisch strukturiert: Sie war stark gegliedert; die sozialen Unterschiede wurden deutlich betont. Strenge Vorschriften regulierten das öffentliche Leben. Nicht nur die Kirche erwartete ein gottgefälliges Verhalten, auch die Stadtverwaltung sorgte für Recht und Ordnung.

Grob gesehen, existierten drei Klassen nebeneinander: das Patriziat der großen Kaufleute, das die Geschicke der Stadt weitgehend dominierte, eine bürgerliche Mittelschicht der selbstständigen Händler und Handwerker, schließlich eine große Unterschicht vom Tagelöhner bis zum Bettler. Die umfasste rund die Hälfte der Bevölkerung; in Augsburg zum Beispiel zahlten im Jahre 1475 knapp 66% der Menschen keine Steuern, weil sie keinen Besitz hatten!

Wohnen und Repräsentieren durch prächtige Häuser wie durch Kleidung und Ausstattung waren ein wichtiger Teil der Selbstdarstellung nach außen hin – nicht anders als heute. Aber auch die Schönheit der Stadt war in der beginnenden Neuzeit ein wichtiger Aspekt des Stolzes der Bürger; die Straßen wurden gepflastert, die Häuser wurden prächtiger. Stadtverordnungen sorgten für die Einhaltung von Bauvorschriften, die diesem Ziel dienen sollten; so konnten Bürger am zentralen Marktplatz gezwungen werden, ihre Häuser in Stein zu bauen.

Mittelalterliche Straßenszene: Der Unrat wird auf die Straße geleert. Zu bestimmten Tageszeiten schützten sich die Bürger durch lautes Rufen (»Man kömmt!«).

Die historische Abbildung von Rathaus und Markt von Rothenburg ob der Tauber zeigt Verkaufsstände, die im 16. Jahrhundert überbaut wurden.

(Bild am Hochaltar der Rothenburger St.-Jakobs-Kirche, Friedrich Herlin, 1466)

Das Leben in den Straßen der Stadt war geprägt von Gestank und Lärm. Die Lebensbedingungen waren im späten Mittelalter und der frühen Neuzeit bei der herrschenden Enge auch ungesund; die meisten Epidemien brachen in dieser Zeit aus, vor allem die Pest, die in manchen Städten die Hälfte der Bevölkerung hinraffte. Die innerstädtischen Lebensbedingungen waren generell schlechter als in den Jahrhunderten zuvor, obwohl der persönliche »Komfort« zunahm.

Kardinal Albrecht von Brandenburg, Erzbischof von Mainz, als Heiliger Hieronymus

(Gemälde von Lucas Cranach d. Ä., 1525. Darmstadt, Hessisches Landesmuseum)

Übung

Versuchen Sie, in der Abbildung die einzelnen Einrichtungsgegenstände zu benennen.

Welche Funktionen erfüllen sie? Gibt es Möbelstücke/Gegenstände, die vorwiegend Repräsentationszwecken dienen?

An einem hat sich gegenüber heute nichts geändert: Schon im Mittelalter wurde alles per Verordnungen geregelt. Es gab Schulordnungen, Brunnenordnungen, Almosenordnungen, Pestordnungen, Hofordnungen – und natürlich Polizeiordnungen.

Die Wohnungen in den Häusern um 1600 waren durch die enge Verbindung von Arbeit und Wohnen einerseits, durch eine zunehmende Differenzierung der Räume andererseits gekennzeichnet. Unabhängig von der Art der Arbeit befanden sich unter einem Dach Lager, Kontor oder Werkstatt sowie die Wohnung der Familie, teilweise auch die Schlafstellen der Angestellten.

Die Inneneinrichtung bestand vielfach aus festen Einbauten, wie holzverkleideten Wänden oder Decken. Hinzu kamen Möbel, die tatsächlich noch »mobil« waren; üblich war zum Beispiel der Tisch aus einem Brett auf Böcken – damit man nach dem Essen »die Tafel aufheben« konnte. Die eigentliche Entfaltung von persönlichem Wohlstand lag meist im textilen Bereich – die Aussteuer aus reinem Leinen in den Kisten, die prächtigen Wandteppiche oder Bettvorhänge. Insgesamt wuchs auch bei Möbeln und sonstiger Haushaltsausstattung die Vielfalt der Gegenstände und damit die Differenzierung der Lebensvorgänge.

Die Unterschiede in den Besitzverhältnissen spiegelten sich auch in den Wohnungen – nicht jeder konnte sich ein Haus leisten; auch im ausgehenden Mittelalter und der beginnenden Neuzeit wohnten viele Menschen zur Miete. Die Durchmischung der gesellschaftlichen Schichten war groß; so bauten die wohlhabenden Lübecker Bürger sogenannte »Gänge« mit Wohnungen für die Armen direkt im Hinterhof der eigenen Häuser – nicht weil sie so sozial eingestellt waren, sondern weil das Grundstück ihnen gehörte. Hier lebte im 15. und 16. Jahrhundert immerhin rund ein Drittel der Bevölkerung. Das war aber noch nicht das Ende der sozialen Leiter; nicht nur in Lübeck mussten viele Menschen in den eng bebauten Städten in Kellerwohnungen hausen: »Das meiste Sterben geschieht aus den Kellern« schrieb der Stadtarzt Johann Bökel, der 1597 eine kritische Schrift zu den hygienischen Verhältnissen in Hamburg verfasste.

Eine staatliche Vorsorge für die Armen, einen »sozialen Wohnungsbau« gab es nicht, allenfalls Stiftungen von Privatleuten und der Kirche, die die christliche »Caritas« ernst nahmen. So gründete der reiche Bankier Jakob Fugger in Augsburg die »Fuggerei«, die auch heute noch unverändert erhalten ist.

Küche (oben) und Kammer (unten) einer Wohnung in der Fuggerei in Augsburg (heute als Museum erhalten)

Mittelaterliche Schulszene als Aushängeschild eines Schulmeisters. Der warb Schüler – Mädchen, Jungen und Erwachsene! –, indem er versprach, der Unterricht erfordere keine Vorkenntnisse, sei kurz, und im Falle fehlenden Lehrerfolges zahle er das Schulgeld zurück!

(Ambrosius Holbein, 1516. Öl auf Holz, 19,5 x 24 cm. Kunstmuseum Basel)

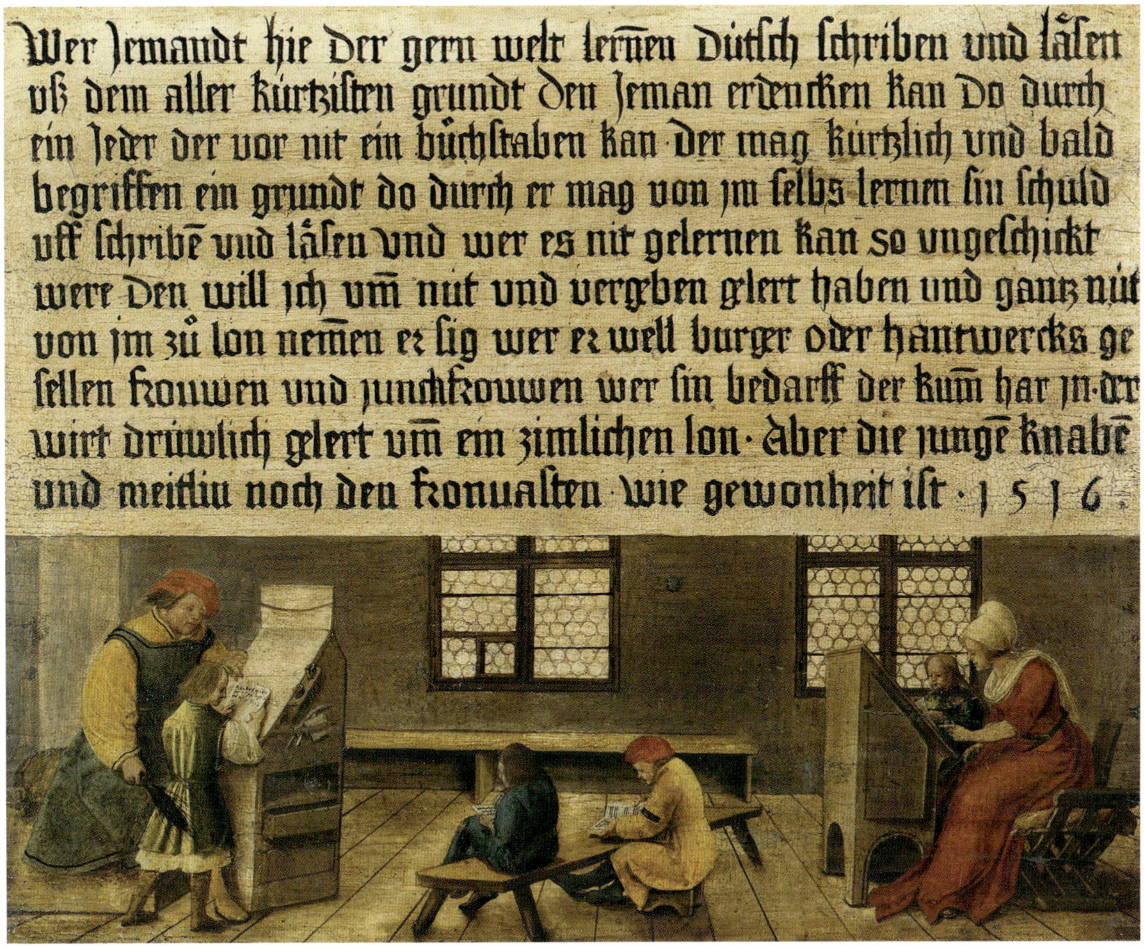

Aus der Polizeiverordnung der Stadt Frankfurt am Main, 1621

(die u.a. auch eine Kleiderordnung für fünf gesellschaftliche Klassen enthält):

Leichbegängnüssen belangend.

Der vnnötige Pracht bey Leichbegängnüssen / da man die Stuben vnnd Gemach mit schwartzem Tuch zu behängen pflegt / sol hiermit auch gantz vnd gar ins gemein verbotten seyn / bey straff zwantzig Reichsthaler.

Dessgleichen sol auch der Pracht / den man bißhero bey Leichbegängnüssen der ledigen Personen vnd jungen Kinder auffgewendet / vnd bißweilen / gleichsam es eine Schuldigkeit were / die Gevattern anwenden / vnnd solche mit grossem Vnkosten schmücken lassen müssen / abgeschafft vnd verbotten / vnd einem jeden sein abgestorben Kind / doch höher nicht / als mit zween Gülden zu zieren erlaubt seyn / bey straff sechs Reichsthaler.

aus: Michael Stolleis, 1983

vollständiger Text unter www.aknw.de oder www.akh.de

Übung

Analysieren Sie die zitierte **Polizeiverordnung**: Was kann man aus den Verboten und Vorschriften über die gesellschaftlichen Verhältnisse schließen?

Übung

Untersuchen Sie mithilfe von Fotos, schriftlichen oder anderen Quellen **das Bild, das heute von der »mittelalterlichen« Stadt besteht,** und konfrontieren Sie es mit den Aussagen in diesem Kapitel!

Welche Gründe gibt es für die Diskrepanz zwischen beiden Anschauungen?

Um 1800: Zwischen Aufklärung und Industrialisierung

Die Aufklärung, der »Auszug des Menschen aus seiner selbstverschuldeten Unmündigkeit« (I. Kant) brachte revolutionäre politische, ökonomische, technische und geistige Veränderungen. Das neue Denken, die französische Revolution, die napoleonischen Kriege mit ihren gewaltigen politischen Umwälzungen, die beginnende Industrialisierung mit ihren alle gewohnten Lebensbedingungen sprengenden Erfindungen stellten viele Sicherheiten und Gewohnheiten auf den Kopf.

In der Stadt entstand als Folge der Aufklärung und damit der Legitimationsnot des absolutistischen Herrschers auf der einen, einem wirtschaftlich erstarkenden Bürgertum auf der anderen Seite eine neue Ordnung, die sich in Stadtgrundriss und Infrastruktur ausdrückte. Häuser und Straßen richteten sich nicht mehr auf das Schloss des Herrschers aus, sondern entwickelten sich zur bürgerlichen Stadt des 19. Jahrhunderts. Die ersten Museen oder Theater wurden gebaut, die der bürgerlichen Öffentlichkeit zur Verfügung standen. Die heutige städtische Vielfalt der Institutionen entwickelte sich. Es kamen Theater und Krankenhaus, Museum und Schulen, Universitäten und Postämter, Stadtverwaltungen und Polizeigebäude hinzu, die alle als »öffentliche« Bauten in Erscheinung treten sollten, sich architektonisch aber kaum unterschieden.

Trotz der aufklärerischen Impulse und Theorien, trotz »Freiheit, Gleichheit, Brüderlichkeit« wurde die Stadt und die in ihr lebende Gesellschaft nicht zum Ort einer gleichberechtigten Gemeinde von Bürgern; in ihr lebte vielmehr eine klar unterscheidbare Dreiklassen-Gesellschaft. Einer relativ kleinen Oberschicht des Adels oder des städtischen Patriziats (bis 10 % der Gesamtbevölkerung) stand eine Mittelschicht der Handwerker und Kleinbürger gegenüber (10 % bis 40 %) sowie eine zahlenmäßig durchaus dominierende Unterschicht der Grundbesitzlosen, Armen, Witwen oder entlassenen Soldaten (40 % bis 65 %).

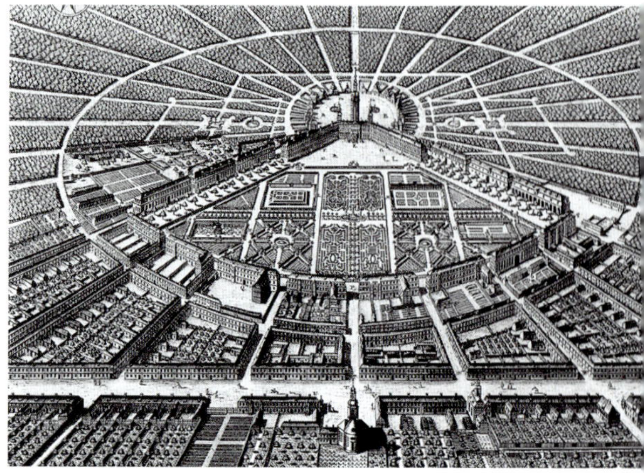

Die erste Stadtanlage von Karlsruhe 1715–1765 aus der Vogelschau: Der Inbegriff einer Stadtanlage des Absolutismus, bei der sich alles auf das Schloss des Herrschers ausrichtet. Dieser befindet sich im Mittelpunkt der »Welt«.

(Stich von Christian Thran, 1739)

Die Stadt des frühen 19. Jahrhunderts erhält die bürgerlichen Institutionen – Staatsbibliothek (hier zu sehen), aber auch Universität und Museen.

(München, Ludwigsstraße mit Ludwigskirche und Staatsbibliothek. Stahlstich, koloriert, um 1840. Ernst Rauch nach Zeichnung von J. M. Bayrer)

»Familienkonzert«: Inbegriff biedermeierlicher Häuslichkeit

(Sebastian Gutzwiller, 1849. Öl auf Leinwand, 61,5 x 77,5 cm. Kunstmuseum Basel)

Goethehaus in Frankfurt am Main (Kolorierter Kupferstich, 1823)

Goethehaus, innen

Die Klassen innerhalb der Städte unterschieden sich auch in ihren Wohnformen. Bürger- und Patrizierhaus lagen auf eigenem Grund und waren Wohnsitz für Familie und Personal. Einen typologischen Unterschied in den Grundrissen zwischen Patriziat und Bürgern gab es nicht. Für beide galt die Einheit aus Arbeit und Wohnen, sofern das Gewerbe eine solche zuließ; der Unterschied lag in der repräsentativen Ausstattung. Gegenüber dem 3. Stand lag er darin, dass die beiden ersten sich Repräsentation überhaupt leisten konnten, während die Armen froh sein mussten, wenn sie eine Bleibe besaßen.

Seit dem 17. Jahrhundert vollzog sich eine langsame Veränderung im Wohnen gerade der gehobenen Schichten. Zwar wurden die »alten« Häuser und Bautypen weiterhin verwendet und nur langsam neuen Bedürfnissen angepasst; meistens bezog sich der Umbau auf die Fassade, also den nach außen hin repräsentativen Teil. Bei Neubauten allerdings setzte sich langsam eine stärkere Differenzierung der Funktionen durch: Die Küche wurde gegenüber der »Stube« abgegrenzt, in der jetzt auch gegessen wurde, die Schlafräume wurden ausgegrenzt und verschiedenen Personengruppen (Eltern, Kinder, Gesinde) zugeordnet. Das hieß auch, dass der große, gemeinsam genutzte Raum zugunsten kleinerer Zimmer verändert wurde.

Auch die Anforderungen an die Hygiene wuchsen. Dennoch war der eigene Abort ein Luxus privilegierter Schichten.

Schnitt durch ein bürgerliches Mietshaus: Oben, in der »Beletage«, speisen die feinen Leute an reichgedeckter Tafel, unten gibt es nur Brot.

(Kolorierte Lithografie um 1830)

Das größte Problem der Stadt um 1800 war die Enge des Zusammenlebens. Gleich in welcher Stadt man wohnte – sie alle hatten dasselbe Problem, dass bei wachsender Bevölkerungszahl die Dichte auf gleicher Grundfläche stieg. Eine neue, größere Stadtbefestigung konnte oder wollte man sich nicht leisten.

Das betraf vor allem diejenigen, die sich keinen Wohn-Raum kaufen konnten, die minderbemittelten Bevölkerungsschichten, die teilweise unter jämmerlichen Bedingungen hausten. In einer Denkschrift prangerte der Amtsarzt Johann Jacob Rambach 1801 die Wohnverhältnisse in Hamburg an: »Schon an sich müssen die Keller feuchter sein als luftige Wohnungen, und manche sind es denn auch in einem so hohen Grade, dass die hölzernen Geräte ihrer Bewohner modern und ekelhafte Tropfen von den Wänden rinnen.« Nach einer Flutüberschwemmung »sind sie gezwungen, das Wasser mit Schaufeln auszubringen und ihre Wohnungen von dem zurückgebliebenen, oft sehr übelriechenden Schlamme zu säubern. Dem ungeachtet schlafen die meisten in der folgenden Nacht schon wieder in ihrem Keller«.

Handwerkerhaushalt um 1800

Die Wohnung bestand aus einer Stube vorn heraus, in welcher gearbeitet wurde und welche zugleich Wohnzimmer der Familie war, und einer Stube nach dem Hofe, in der die Großmutter wohnte. Zwischen beiden lag die kleine Küche, welche ihr Licht mittelst eines Zwischenfensters aus dem Zimmer der Großmutter empfing, und daher sehr dunkel war, zumal der Rauch die Fensterscheiben weit öfter trübte, als sie gereinigt wurden. Dicht unter jenem Zwischenfenster stand der große Amboss und an der Seite die Ziehbank. Der Tür gegenüber lag der Feuerherd, gänzlich im Finstern. Da nun beinahe täglich Gold und Silber geschmolzen und zu Blech oder Draht gehämmert und gezogen wurde, und da viel vergoldet werden musste, Geschäfte, welche sämtliche mir oblagen, so brannte meist auf dem Herde Kohlenfeuer oder auch die daneben hängende Lötlampe, und neben dem Kohlenfeuer Holz und Torf zur Bereitung der Speisen. Bei dem Lichte dieser Feuer mussten die Arbeiten verrichtet werden, was in dem Rauche und der nie weichenden Dämmerung oft kaum möglich war. (...)

Karl-Friedrich von Klöden, 1874

vollständiger Text unter www.aknw.de oder www.akh.de

Bürgerlicher Haushalt um 1820

Was Speise und Trank betrifft, war man im Vergleich mit der jetzigen Zeit unendlich anspruchslos; sowohl wenn die Familie allein war, als auch beim Empfang von Freunden. Zwar gab jeder wohl im Jahre eine oder zwei größere Gastereien, wo es hoch herging, aber bei den gewöhnlichen geselligen Abendzusammenkünften begnügte man sich abends mit einer Tasse Tee und Butterbrot, und setzte einige sehr zierlich, aber auch recht sparsam mit Wurstscheibchen, Braten und Schinkenschnitten belegte Teller auf die Tafel. Wein wurde nicht gereicht, sondern man erlabte sich an einem Glase Bier, von welchem Getränk damals in Berlin sehr vorzügliche Sorten zu haben waren.

(...)

Einfach wie die Bewirtung war auch die Zimmereinrichtung bei den meisten Bürgerfamilien. Flügeltüren hatten nur sehr reiche und vornehme Leute, parkettierte Fußböden sah man fast nur in Schlössern und Palästen.

(...)

Wer es irgend möglich machen konnte, besaß in seiner Wohnung eine Putzstube (der Schlesier nennt es die gute Stube), in welcher die besten Möbel und Geräte aufgestellt waren, für gewöhnlich gegen Rauch und Staub sorgfältig eingehüllt, bis bei festlicher Gelegenheit den erstaunten Gästen die Schätze gezeigt wurden.

Felix Eberty, 1925

Stinkendes Fleisch wieder brauchbar zu machen.

Wenn frisches Fleisch nur etwas angegangen ist, so läßt es sich schon beim Kochen oder Braten durch Essig und Gewürz verbessern und es gibt Manche, die solches Fleisch, das einen sogenannten Hochgeschmack (haut goût) hat, dem ganz unverdorbenen vorziehen. Hat man Fleisch, das zu riechend ist, als daß es in der Küche verarbeitet werden könnte, so schneide man es in ungefähr zolldicke Stückchen, reibe diese mit ausgeglühtem Kohlenpulver so lange, bis sich der Geruch verloren hat und wasche sie zuletzt mit kaltem Wasser wieder ab. Das Fleisch wird dann eßbar seyn. Ist es aber schon wirklich stinkend, so muß es auf folgende Weise behandelt werden.

Man zerstoße Holzkohlen in Stücken, ungefähr so groß, wie ein Gerstenkorn und siebe sie durch. Die Löcher des Siebes dürfen nicht weiter seyn, weil sonst die größern Stücken mit durchfallen würden. Um die durchgesiebten Kohlen von allem Staube zu reinigen, wasche man sie und gieße immerfort Wasser darauf, bis dies ganz klar bleibt. Dann breite man sie an einem luftigen Ort aus und lasse sie trocken werden. Man setze nämlich nun einen Kessel voll Wasser aufs Feuer und wenn dieses kocht, so tauche man das verdorbene Fleisch mehrmals hinein, schneide die gar zu faulen Theile ab und wasche es in kaltem Wasser ab, um es vom Schimmel und von den Würmern zu säubern, die das kochende Wasser nicht abgenommen haben möchte. Nachdem das Fleisch hierauf vollends von allem Schmuz gereinigt worden ist, so breite man ein reines feines leinenes Tuch aus, bedecke solches mit einer etwa zwei Finger dicken Kohlenlage, lege das Fleisch darauf und wickele dies sorgfältig von allen Seiten hinein, Man nehme lieber zu viel, als zu wenig Kohlen und befestige das Tuch mit einem Bindfaden, damit die Kohlen sich nicht verschieben und immer überall auf dem Fleische haften.

Ist das Fleisch so zugerichtet worden, so lege man es in einem Kessel auf ein Kohlenbett und gieße Wasser, zu fünf Litres*) auf drei Pfund, darauf. Und wenn man mehrere, besonders eingewikkelte Stücken Fleisch hat, so versäume man nicht, im Kessel zwischen jedes Kohlen zu legen und auch die Wände des Kessels mit Kohlen zu bedecken, damit sie das Fleisch nicht berührt. Man läßt es nun zwei Stunden im Wasser kochen, nimmt es dann heraus, reinigt es von den Kohlen und spült es so lange in frischem Wasser ab, bis dies ganz klar bleibt. Das Fleisch hat nun seine frische Güte, Festigkeit und Farbe wieder angenommen und gibt eine so schöne Bouillon, als eben geschlachtetes.

279

J. Günter: Ersparungsbuch für alle Stände (1840).

Aus der Zeit, bevor der Kühlschrank erfunden wurde: Heute wird einem bereits schlecht beim Lesen, damals war Ähnliches für die Armen nicht ungewöhnlich.

vollständiger Text unter www.aknw.de oder www.akh.de

Heinrich Zille (1858 – 1929), der liebevolle Karikaturist der »kleinen Leute«, war auch ein glänzender Fotograf des Berlins um die Jahrhundertwende. Berlin zeigt sich hier als Industriestadt am schmutzigen Kanal.

Um 1890: Wohnen in der Industriestadt

Industrialisierung, Bevölkerungswachstum und eine dramatische Land-Stadt-Wanderung waren die entscheidenden Einflussgrößen für die Entstehung einer neuen Stadt im 19. Jahrhundert – der Stadt, die wir mit ihren »Gründerzeitvierteln« heute schätzen. Die damaligen Zustände allerdings würde wohl keiner mehr gern sehen; insofern ist das Bild jener Stadt heute falsch; sie waren in vieler Hinsicht »Superslums«, selbst wenn in einigen Vierteln luxuriös gewohnt wurde.

Die Massen drängten in die Städte, weil es dort Arbeit gab, die ihnen eine bessere Chance bot als die Lebens- und Arbeitsbedingungen auf dem Lande; die Arbeiter erhielten möglichst geringe Löhne, damit die Unternehmer Gewinne erwirtschaften konnten, die in neue technische Entwicklungen investiert oder für höhere Einkommen genutzt wurden. Niedrige Löhne bedeuteten aber, dass man sich nur geringe Mieten leisten konnte. Die Wohnungsinvestoren jedoch suchten andererseits nach möglichst großen Gewinnchancen, nutzten also die Grundstücke restlos aus und bauten möglichst billig.

Der Stadtplan von Köln mit Hervorhebung der von der Eisenbahn beanspruchten Flächen (1915) zeigt, wie stark diese die Stadt einengt und zerteilt.

Eine ganzheitliche Stadtplanung gab es praktisch nicht; sie wurde – wie in Berlin – von der Polizei als »Baupolizeiordnung« wahrgenommen, die Bebauungspläne wurden von Ingenieuren als Straßenplanung betrieben. Die Baubestimmungen waren im bis 1871 in zahlreiche Länder zersplitterten Deutschland unterschiedlich, aber nach heutigen Maßstäben überall absolut unzulänglich. Sie orientierten sich kaum an hygienischen Anforderungen, sondern eher am Brandschutz; der Wendekreis einer Feuerspritze war wichtiger als die Frage, wieviel »Licht, Luft und Sonne« der Einzelne bekam. Das Anwachsen der Städte auf ein Vielfaches ihrer bisherigen Einwohnerzahl schuf Aufgaben, die mit den traditionellen Denkansätzen überhaupt nicht erfasst, geschweige denn gelöst werden konnten – von der Versorgung mit sauberem Trinkwasser bis zur Lösung der Abwasserfrage, von der Anlage neuer Wohngebiete und deren Infrastruktur bis zur Frage des öffentlichen Nahverkehrs.

Die wohl einschneidendste Erfindung, die die Stadt revolutionierte, war die Eisenbahn – als Transportmittel für Güter und für Menschen, aber auch als flächenfressende und Stadtquartiere trennende Einrichtung. Sie erst machte die gewaltige Ausdehnung der Städte möglich, sie schuf für die wohlhabenden Bevölkerungsschichten die Chance, sich nach außen, in den »Vorort« zurückzuziehen. Immobilienspekulation und -investition sorgten dafür, dass sich die Stadtquartiere mehr und mehr nach sozialer Schichtung trennten.

»Meyer's Hof« in der Ackerstraße in Berlin gehörte mit seinen fünf Hinterhöfen zu den viel fotografierten Motiven, wenn es um die Darstellung der Stadtverdichtung in den Arbeiterquartieren ging. Er wurde erst 1972 gesprengt.

(Foto um 1926)

Beim Wohnen konnte man ungefähr von einer gesellschaftlichen Zweiteilung sprechen: Es gab etwa 50 % Arbeiter und 50 % Menschen bürgerlicher und adliger Schichten. 1890 verdienten zum Beispiel in Hamburg 28 % der werktätigen Bevölkerung so wenig, dass sie keine Steuern zu entrichten hatten (weniger als 600 Mark Jahreseinkommen), weitere 29 % verdienten zwischen 600 und 800 Mark. Die schichtspezifischen Merkmale des Wohnens waren dabei viel stärker ausgeprägt als heute und bezogen sich nicht nur auf Äußerlichkeiten der Repräsentation, sondern auf soziale Verhaltensweisen.

Die Arbeiter mit ihren Familien lebten aufgrund geringer Einkommen und hoher Mieten generell schlecht, oder, wie es ein Zeitgenosse über Frankfurt schrieb, in überfüllten, gesundheitsschädlichen Wohnungen bei zu hoher Miete. Selbst ein gut verdienender Arbeiter in Berlin kam nur auf ein Jahreseinkommen von etwa 1200 Mark; eine Zweizimmerwohnung mit Küche im Vorderhaus hätte allein etwa 450 Mark Jahresmiete gekostet – für die Eltern und häufig vier bis sechs Kinder! Das Ergebnis war in allen boomenden Industriestädten ein florierendes System von Untermiet- oder Bettgeherverhältnissen (der Nutzung einer Bettstelle durch mehrere Mieter). Das war für das Proletariat die einzige Möglichkeit, die Mietkosten für die eigene Familie zu senken, stellte aber für das bürgerliche Publikum und die Polizei den Tiefpunkt von Sitte und Moral dar – was es vermutlich auch war bei dem dicht gedrängten Zusammensein der Geschlechter ohne jede Privatsphäre.

Berliner Arbeiterwohnung um 1900: Eine Mischung aus Schlafzimmer, Wohnzimmer und Fabrik, denn hier arbeiteten die Frauen in Heimarbeit

Umzug einer Arbeiterfamilie, Berlin um 1900: Die gesamte Habe passte auf einen Wagen, der selbst gezogen werden musste.

(Foto: Heinrich Zille)

Der späte Schlafbursche (Lithografie nach einer farbigen Zeichnung von Heinrich Zille, 1902)

Durch die Enge des Zusammenlebens und die nicht-familiären Beziehungen zu Untermieter oder Einlogierer ergaben sich zwangsläufig andere soziale Formen als im Bürgertum: Geheiratet wurde in der Arbeiterschicht oftmals nur, um ein uneheliches Kind zu legalisieren; dennoch stieg die Zahl der unehelich Geborenen in Hamburg bis 1913 auf 17 pro 100 Geborene. Kindesmissbrauch oder inzestuöse Beziehungen waren nicht selten; die Prostitution gerade in den Hafenvierteln war eine normale, wenn auch schlecht bezahlte Erwerbsform in einer Situation, in der Frauenarbeit gerade in bürgerlichen Schichten als Schande galt. Die großen Unterschiede im Verhalten und den gesellschaftlichen Normen verstärkten die Fremdheit zwischen den Klassen.

Die räumliche Verbindung von Arbeit und Wohnen war weitgehend aufgehoben; jetzt »ging der Vater zur Arbeit«. Nur für viele kleine Gewerbetreibende und Ladenbesitzer kam die Trennung erst einige Jahrzehnte später mit dem Verschwinden des »Tante-Emma-Ladens« und des kleinteiligen Handwerks.

Die gründerzeitliche Wohnung im mehrgeschossigen Wohnhaus war eine typologische Neuheit der zweiten Hälfte des 19. Jahrhunderts. Sie wurde häufig von Kleininvestoren des mittleren oder gehobenen Bürgertums als Altersversorgung gebaut. Deshalb sind selbst in geschlossenen Gründerzeitquartieren die Fassaden je Hauseinheit unterschiedlich – ein zwar nicht neuer, aber sich auf neue Bevölkerungsschichten erstreckender Markt bildete sich.

Den Kern dieser Wohnungen, in der Größe und Lage je nach Einkommensverhältnissen differenziert, bildeten die Räume für die Repräsentation. Was sich die Arbeiterfamilien nicht leisten konnten, bildete einen wichtigen Teil des bürgerlichen Lebens. Dabei spielte die Lage des Stadtviertels – die »Adresse« – ebenso eine Rolle wie Fassade, Hauseingang, Treppenhaus und die Abfolge von zur Straße hin gelegenen, meist durch Schiebetüren verbundenen Zimmern innerhalb der Wohnung. Räume wie Esszimmer, Salon, Herrenzimmer waren streng funktionalisierte Einheiten, denen auf der Hinterseite die Schlafräume und der Personalteil mit der Küche gegenüberstanden.

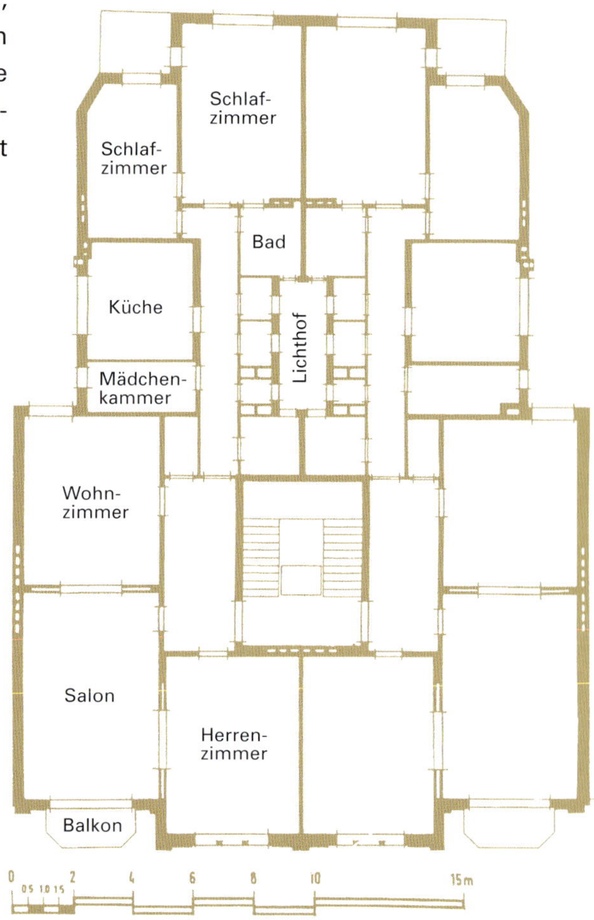

Großbürgerliche Wohnhäuser in Hamburg, gebaut um 1900: Die Wohnungen sind bis zu 300 qm groß. Der Grundriss entsprach einem funktionalen Programm, dessen wichtiges Element die Schiebetüren zwischen den Repräsentationszimmern war.

Villa Hügel, Essen: mehr Schloss als bürgerliche Villa

Es gab noch eine weitere typologische Neuerung, die ebenfalls mit einer neuen Lebensform zusammenhing: die Villa, die sich im 19. Jahrhundert überall dort entwickelte, wo die rapide wachsenden Städte bürgerlichen Wohlstand hervorbrachten – im Ruhrgebiet ebenso wie in München, Dresden, Hamburg oder Berlin. Es war ein Bautyp, der sich am Vorbild des Adelspalastes orientierte. Und er war in verschiedener Hinsicht grundsätzlich anders.

Der augenfälligste Unterschied war ihre Lage: Die Villa liegt außerhalb der traditionellen Stadt und setzt damit die Sprengung der engen, durch die Stadtmauer definierten Stadtgrenzen voraus. Der zweite große Unterschied war, dass die Villa nur dem Wohnen der Familie und der gesellschaftlichen Repräsentation diente. Anders als noch einhundert Jahre zuvor, spielte jetzt die demonstrative *Unterscheidung von anderen* eine große gesellschaftliche Rolle. Man wollte zeigen, was man hatte – nicht zuletzt deshalb waren die Räume häufig vollgestellt mit verschnörkelten, schweren Möbeln, die wir heute als wilhelminischen Kitsch ansehen. Die »Villa Hügel« des »Schlotbarons« Alfred Krupp in Essen, gebaut 1870, besaß 229 Räume auf 8100 qm Wohnfläche – das war ein Schloss! Das Bürgertum verglich sich jetzt mit dem Adel.

Übung

Vergleichen Sie den Innenraum auf dieser Seite mit demjenigen auf Seite 87 oben hinsichtlich Einrichtung und Repräsentationsformen. In welchem der beiden Räume wurde wohl eher »gewohnt«?

Stellen Sie sich vor, Sie sind zum Tee in den unten abgebildeteten Salon eingeladen. Beschreiben Sie in einem fiktiven Brief an einen Freund/eine Freundin die Einrichtung und Ihr subjektives Empfinden in diesem Raum.

Der bürgerliche Salon war eine Sammlung verschnörkelter, scheinbar prächtiger Einrichtungsgegenstände, die vor allem der Repräsentation dienten.

Bürgerliche Villa, Gartenseite: Die Architekturformen (Symmetrie, Treppe, Giebeldreieck) verweisen auf einen Anspruch, der über das »Wohn«-Haus hinausführt zum »kleinen Schloss« eines Herrschers (Dresden 1857).

Die isolierte Lage der Villa auf eigenem Grundstück hatte – durchaus erwünschte – gesellschaftliche Folgen; sie führte zur weitgehenden Isolierung der Ehefrau. Zwar war ihre klar definierte Aufgabe die Führung des Haushaltes mit der Erziehung der Kinder und der Übernahme repräsentativer Aufgaben. Aber selbst der Einkauf wurde in jenen Kreisen vom Personal durchgeführt, so dass der Kontakt zur städtischen Realität abnahm.

Eine verlogene »bürgerliche Moral« bildete sich aus, denn die schicklichen Verhaltensweisen für Männer und Frauen unterschieden sich deutlich; was für den Mann ein »Kavaliersdelikt« war, das führte bei der Frau – nachzulesen in den Romanen Theodor Fontanes oder Gustave Flauberts – zum Ausschluss aus der Gesellschaft.

Damit war die Villa Indiz für eine sich differenzierende Gesellschaft – nicht nur zwischen Arm und Reich, sondern auch zwischen Gesinde und Herrschaft, zwischen den Geschlechtern, zwischen dem Ort der Arbeit und dem des Wohnens.

Wohnverhältnisse um 1900

In Berlin waren 1900 43 Prozent aller Haushaltungen in einräumigen, 28 Prozent in zweiräumigen Wohnungen untergebracht. Es wurden 1955 Haushaltungen gezählt, die in einem einzigen Raume Eltern, Kinder (unter 15 Jahre) und Schlafleute bis zu 10 Köpfen, in 48 sogar Schlafleute verschiedenen Geschlechts beherbergten. Solche grauenhaften Zustände bestehen aber nicht bloß in Berlin. In Wohnungen mit nur einem Zimmer (mit oder ohne Zubehör) wohnten von je 100 Bewohnern in Barmen 55, Königsberg 54, Rixdorf 54, Magdeburg 46, Posen 45, Görlitz 45, Berlin 44, Halle a. S. 43, Breslau 41.

F. Hitze, 1922

Frau Jenny Treibel

(...) Die Treibelsche Villa lag auf einem großen Grundstück, das, in bedeutender Tiefe, von der Köpnicker Straße bis an die Spree reichte. (...)
Das Diner war zu sechs Uhr festgesetzt; aber bereits eine Stunde vorher sah man Hustersche Wagen mit runden und viereckigen Körben vor dem Gittereingange halten. Die Kommerzienrätin, schon in voller Toilette, beobachtete von dem Fenster ihres Boudoirs aus all diese Vorbereitungen und nahm auch heute wieder, und zwar nicht ohne eine gewisse Berechtigung, Anstoß daran. »Dass Treibel es auch versäumen musste, für einen Nebeneingang Sorge zu tragen! Wenn er damals nur ein vier Fuß breites Terrain von dem Nachbargrundstück zukaufte, so hätten wir einen Eingang für derart Leute gehabt. Jetzt marschiert jeder Küchenjunge durch den Vorgarten, gerade auf unser Haus zu, wie wenn er miteingeladen wäre.

Theodor Fontane, 1892

zusätzliche Texte unter www.aknw.de oder www.akh.de

Patrizierfamilie in Hamburg – die Familie als demonstrative Darstellung einer »heilen Welt«

Übung

Welche gesellschaftlichen Mechanismen und ökonomischen Bedingungen führten zu einer **Trennung der Bevölkerung nach Schichten** (»Arbeiterquartiere«, »bürgerliche Stadtviertel«)?

Beschreiben Sie ähnliche Abgrenzungen in der heutigen Stadt!

Übung

Beschreiben Sie die **Lebensverhältnisse eines Fabrikarbeiters** und seiner Frau um 1900 im Gegensatz zu dem der Familie eines gehobenen Beamten!

Zwanzigerjahre des 20. Jahrhunderts – »Wohnen für alle«

Die bisherige Betrachtung der Geschichte des Wohnens zeigt, dass immer ein großer Prozentsatz der Bevölkerung unterprivilegiert blieb. Solange die Versorgung mit Wohnraum über den Markt läuft, ist unvermeidlich, dass schlecht wohnt, wer wenig verdient. Die scheinbaren Ausnahmen von dieser Regel – zum Beispiel die Fuggerei und viele andere Stiftungen – waren nur durch private und kirchliche Fürsorge möglich.

Das änderte sich nach 1918. Die erste deutsche Massendemokratie führte zum Versuch, eine menschenwürdige Wohnung für alle zu bauen – die Geburtsstunde des »sozialen Wohnungsbaus« aus staatlicher Verantwortung. Auslöser dafür waren die politischen und wirtschaftlichen Probleme mit der Inflation nach der Niederlage 1918, die einen privaten Wohnungsbau unrentabel machten. Nach dem faktischen Baustopp im Krieg stieg die Nachfrage nach Wohnungen zudem dramatisch. Der Staat musste handeln, zumal in der Weimarer Verfassung ein »Recht auf Wohnung« festgeschrieben war: »Die Verteilung und Nutzung des Grund und Bodens wird von Staats wegen in einer Weise überwacht, die Missbrauch verhütet und dem Ziele zustrebt, jedem Deutschen eine gesunde Wohnung und allen deutschen Familien, besonders den kinderreichen, eine ihren Bedürfnissen entsprechende Wohn- und Wirtschaftsheimstätte zu sichern« (Art. 155).

Wahlplakat der SPD in Hamburg Ende der Zwanzigerjahre: Die Partei identifizierte sich mit dem staatlich geförderten Wohnungsbau für die Arbeiterschaft und sah darin ein gesellschaftspolitisches Signal.

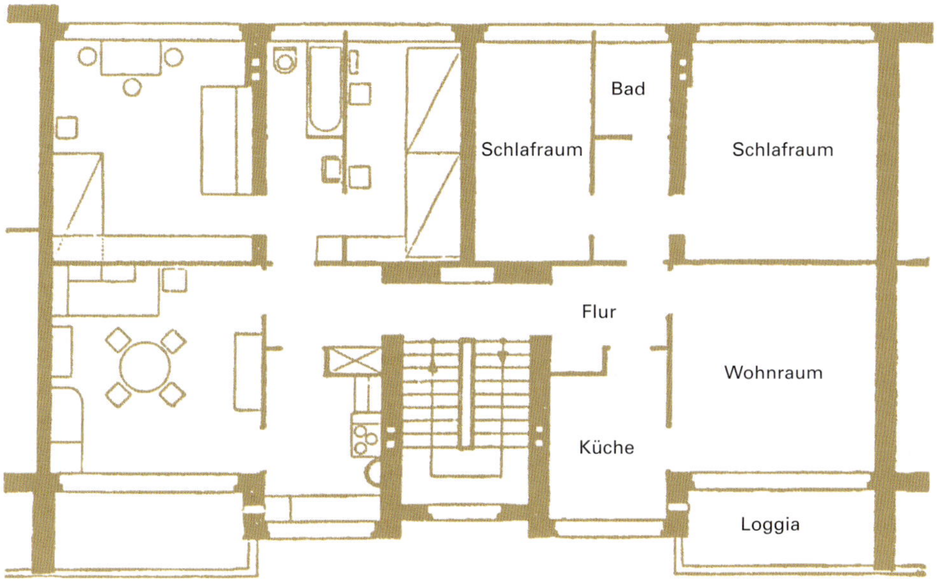

Typischer Wohnungsgrundriss des Reformwohnungsbaus der Zwanzigerjahre, etwa 55 qm für vier Personen

(Walter Gropius, Karlsruhe-Dammerstock 1929)

Übung

Vergleichen Sie einen typischen Wohnungsgrundriss der Zeit um 1890 (Seite 94) mit dem oben abgebildeten Grundriss der Zwanzigerjahre: Welche Veränderungen kann man ablesen? Was sagen diese über das Wohnen darin aus?

Die Übernahme der Verantwortung für einen Teil des Wohnungsbaus durch den Staat, nämlich den für die breite Masse der Arbeiter, Angestellten und kleinen Beamten, und das Recht auf Wohnung im Verfassungsrang hatte beträchtliche Konsequenzen. Sie prägten das Wohnen, den Wohnungsmarkt, das Anspruchsdenken, schließlich die gesamte Stadt bis heute nachhaltig.

Sie führte auch zu einer quer durch alle Bevölkerungs- und Berufsschichten hindurch gehenden Diskussion um Wohnungsfragen. Die Architekten entdeckten einen neuen Markt und setzten ihr soziales Engagement um, Wohnungspolitiker, Wohnungsreformer – alle überlegten, auf welche Weise die Frage nach der »menschengerechten, bezahlbaren Wohnung für alle« am besten zu beantworten sei. Die Frage nach der »Wohnung für das Existenzminimum« wurde zum wichtigsten Thema im Bauen der Zwanzigerjahre.

Bei sehr unterschiedlicher Ästhetik der Bauten bildete sich ein durchgehender Typus im mehrgeschossigen Mietwohnungsbau heraus: Ein 10 bis 12 m tiefer Baukörper, der erlaubt, die Zimmer an der Außenwand anzuordnen; ein Treppenhaus mit je zwei Wohnungen pro Stockwerk, ein Mittelflur, der die zwei oder drei Zimmer erschließt. Es gibt ein Bad mit Toilette, das ebenso wie die Küche an der Außenwand liegt. Diese durchschnittliche Wohnung, differenziert durch die Zahl der Zimmer, wurde für die sich schnell herausbildende »Kleinfamilie« gebaut.

In Frankfurt am Main, wo in den Zwanzigerjahren das radikalste Wohnungsbaukonzept realisiert wurde, wurden in einer städtischen Fabrik auch Möbel hergestellt, die zu der modernen Architektur passen sollten: einfach und ohne Schnörkel.

(Entwurf: Ferdinand Kramer)

Die Wohnungen mit ihrer im Vergleich zur Vorkriegszeit hervorragenden Ausstattung waren allerdings immer noch zu teuer, als dass sich ein normaler, allein verdienender Arbeiter mit Familie sie sich hätte leisten können. Hauptadressaten waren die unteren Mittelschichten und die jungen, aufstrebenden Arbeiter oder doppelt verdienenden Familien. Diese übernahmen vielfach mit der neuen Wohnung auch die (klein-)bürgerlichen Ideale von Ordnung und Sauberkeit; dabei blieb der Widerspruch ungelöst, dass das Bild der selbstständigen, emanzipierten, sportlichen Frau, das die Medien propagierten, mit der faktisch an Kinder und Wohnung gefesselten Hausfrau nicht in Übereinstimmung zu bringen war.

Die Rationalisierung, die ihr Vorbild in der amerikanischen Fließbandarbeit hatte, sollte auch die Arbeit der Hausfrau bestimmen. Die Tageseinteilungskarte wurde zur Selbstkontrolle geführt.

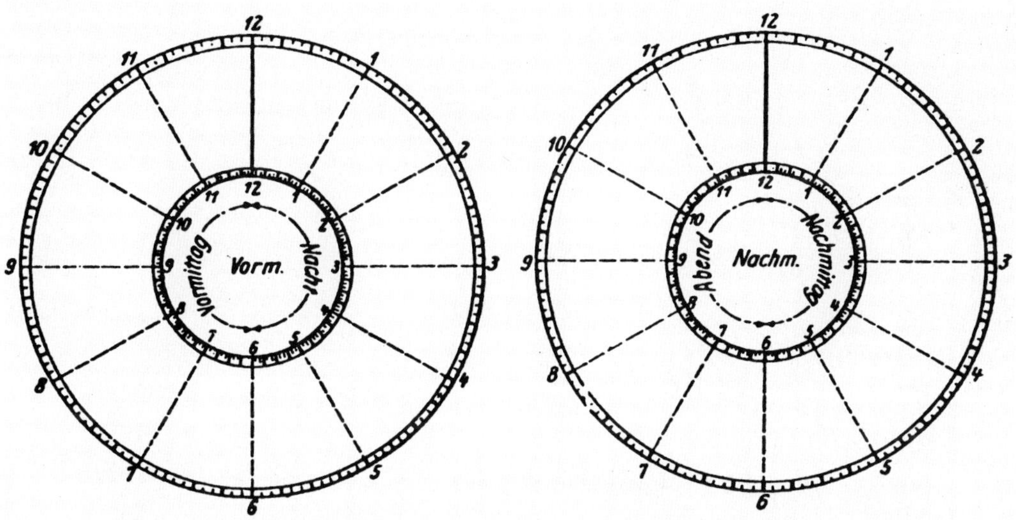

Tageseinteilungskarte der Hausfrau

Name ....

Adresse ....

....

Wochentag ....

Datum .... 192......

Jeder kleine Raum zwischen den Stunden der „Uhr" stellt fünf Minuten dar. Beginne diesen Tagesbericht, indem du in das Zifferblatt „Vormittags" von dem äußeren nach dem inneren Kreis einen Strich ziehst, der die Zeit des Aufstehens angibt. Nach Beendigung der nächsten Tätigkeit ist ein neuer Strich zu ziehen und in den so entstandenen Zwischenraum ist die verrichtete Tätigkeit einzufügen. Auf diese Weise ist fortzufahren und mittags zum Nachmittags-Zifferblatt überzugehen, wodurch die 24 Stunden voll erfaßt werden.

Anzahl der Personen

	Wohnung	Mahlzeiten (einschl. Frühstück außer dem Hause)		
		Frühstück	Mittagessen	Abendessen
Familie . . .	....	....	....	....
Gäste	....	....	....	....
Pensionäre u. Mieter . .	....	....	....	....
Haushalthilfe	....	....	....	....
Landwirtschaftliche Hilfe . . .	....	....	....	....
Gesamt	....	....	....	....

Bemerkungen

Entsprechend der ideologischen Aufwertung der Rolle der Frau als »gleichberechtigt« wurde auch deren »Arbeitsplatz« untersucht; fast jeder Architekt, der sich mit Wohnungsbau befasste, entwickelte eine eigene Küchenorganisation. Die Hausfrauen wurden angehalten, möglichst detaillierte Pläne für ihre Tages-, Wochen-, Monats- und Jahrestätigkeit zu verfassen, um ihre Arbeit rationeller ausführen zu können. Organisation, Zweckmäßigkeit war alles. Die »Frankfurter Küche«, die in den Siedlungen in Frankfurt rund 10 000 mal eingebaut wurde, war die erste Standard-Einbauküche. Sie wurde nach dem Vorbild der Eisenbahnspeisewagen von der Wiener Architektin Margarethe Schütte-Lihotzky entwickelt: Eine Grundfläche von 1,87 m mal 3,44 m, auf der in zwei Zeilen alles untergebracht war, was die Hausfrau brauchte.

Während die Realität bei den Arbeiterfamilien um 1925 meist noch aussah wie die Küche oben, wurde in den neu entstehenden Wohnungen in Frankfurt am Main die erste »Einbauküche« massenhaft eingerichtet. Jeder Handgriff war geplant – für Rechtshänderinnen.

Preise für PROTOS-Elektrogeräte

Waschautomat (der nur wäscht)	180 RM
Waschautomat (der wäscht und schleudert)	575 RM
Staubsauger	von 165 bis 255 RM
runde Backröhre	60 RM
Bohnermaschine	175 RM
Haartrockner	28 RM
Küchenmaschine, Motor ohne Zusatz	240 RM
Fleischwolf	13 RM
Reibemaschine	18 RM
Kaffeemühle	17 RM
Saftpresse	16 RM
Brotschneider	24 RM
Buttermaschine	46 RM
Wäschemangel	140 RM
Bügeleisen	15 RM

Ein Vergleich mit durchschnittlichen Stundenlöhnen im Jahr 1930 lässt errechnen, wie viele Stunden damals für solche Anschaffungen gearbeitet werden musste.

Durchschnittlicher Lohn für

Facharbeiter	102,9 Pfennige/Stunde
Facharbeiterinnen	80,8 Pfennige/Stunde
Hilfsarbeiter	64,7 Pfennige/Stunde
Hilfsarbeiterinnen	53,7 Pfennige/Stunde

Die Elektroindustrie und ihre Produkte traten in den Zwanzigerjahren ihren Siegeszug an: Strom zur Beleuchtung, Elektrogeräte zum Kochen, Kühlen oder Saubermachen wurden propagiert. Hausarbeit sollte als »Vergnügen« einer Hausfrau mit Hilfe der kleinen, elektrischen Helferchen erscheinen – zeitgenössische Anzeigen zeigen die elegante Frau, wie sie mit dem Staubsauger durch die Wohnung tänzelt.

Mit der Wirklichkeit der meisten Haushalte hatte diese Propaganda wenig zu tun; 1928 waren zwar 56% der Haushalte mit einem elektrischen Staubsauger ausgestattet, der sich als erstes Elektrogerät zusammen mit dem Bügeleisen durchsetzte; aber im Jahre 1931 gab es erst 50000 elektrische Kochherde – zu wenig, wenn es nach den Vorstellungen der Industrie ging. Viele Haushalte kochten noch mit dem billigeren Gas – und sehr viele, vor allem in den ländlichen Gegenden, hatten noch nicht einmal das; sie kochten und heizten immer noch mit Kohle und Holz.

Waschtag einer Hausfrau – die meisten Familien hatten noch keine elektrischen Geräte; Waschen war echte Handarbeit.

Die Elektroindustrie vermarktete ihre Geräte, indem sie sie als Hilfsmittel der »eleganten, modernen Frau« propagierte. Immerhin: Vor dem Ersten Weltkrieg hätte man die Arbeit noch durch Personal erledigen lassen!

In der Großstadt entwickelte sich eine neue Gesellschaft. Die »roaring twenties« mit Bubikopf, Charleston und Jazz spiegelten ein neues Lebensgefühl. Eine Avantgarde in der Kunst von der Musik bis zur Malerei und eben auch in der Architektur trat an die Öffentlichkeit.

So ist der Wohnungsbau der Zwanzigerjahre in Deutschland untrennbar mit dem Entstehen der »klassischen Moderne« verbunden, mit Architekten wie Ludwig Mies van der Rohe, Walter Gropius, Erich Mendelsohn, Bruno Taut, Hans Scharoun oder Ernst May. Sie entwickelten eine neue Ästhetik, auch wenn diese im Massenwohnungsbau – aber auch bei den anderen Bauaufgaben – noch wenig umgesetzt wurde. Das soziale Engagement der Architekten und Wohnungspolitiker war aber nicht mit einem bestimmten Stil verbunden.

1931 fand in Berlin die Ausstellung »Die Wohnung unserer Zeit« statt. Das Ideal war offenbar der sportliche Intellektuelle, der in klinisch reiner, moderner Umgebung lebte.

(Sport- und Ruheraum im Entwurf eines Wohnhochhauses, Architekt: Walter Gropius)

Nichts so radikal modern, dafür eher an den Bedürfnissen der Bewohner orientiert

(Siedlung Onkel-Toms-Hütte, Berlin 1926–31, Architekt: Bruno Taut)

Die Römerstadt in Frankfurt am Main wurde als »Vorort-trabant« geplant und demonstrativ gegenüber der alten Stadt angelegt, einschließlich einer Stützmauer mit halbkreisförmigen Ausbuchtungen, die an eine Stadtmauer erinnert.

(Architekt: Ernst May u.a. 1927–28)

Jetzt lag der Wohnungsbau zum ersten Mal in der Hand von großen, gemeinnützigen Wohnungsbaugesellschaften. Das führte zum Bau größerer, zusammenhängender Siedlungen, für die nur am Rand der Städte Flächen zur Verfügung standen. So stellte sich als neues Problem, wie man die Arbeitsstätten erreichen könne. Außerdem lebten die Hausfrauen, die Kinderbetreuung und Hausarbeit zu übernehmen hatten, weitgehend isoliert, denn die Siedlungen bildeten – anders, als die Stadt des 19. Jahrhunderts – eine Monostruktur; allenfalls einige Läden, manchmal auch einen Kindergarten gab es, aber keine Arbeitsplätze – schon gar keine für Frauen.

Damit veränderte sich die Stadt als Ganzes. Die des 19. Jahrhunderts war zu dicht bebaut, zu sehr belastet durch Lärm und schlechte Luft, zu durchmischt von schmutziger Industrie und Wohnen. Alle Stadtplaner waren überzeugt, es sei notwendig, die Bereiche Wohnen, Arbeit, Kultur und Freizeit zu trennen. Die heute kritisierte Funktionalisierung der Stadt begann in den Zwanzigerjahren und war damals durchaus notwendig. Man konnte noch nicht erkennen, dass sich durch den Wandel in der industriellen Produktion und steigenden Wohlstand die Probleme praktisch von selbst erledigten – weswegen wir eben heute wieder gern dort wohnen, wo es am Anfang des 20. Jahrhunderts unerträglich war.

Reformwohnungsbau der Zwanzigerjahre

(...)

Für Frau Müller und ihren Mann, einen Eisenbahnarbeiter, war es ein Lotteriespiel, ein Glücksfall, hier zu landen. Fünf Jahre hat die Familie gewartet, war sie eingetragen auf dem Wohnungsamt für eine Neubauwohnung. (...) Nach weiteren zwei Jahren kam der eine von den tausend Müllers in den Genuss dieser zweieinhalb Zimmer Neubauwohnung. Sie ist schon wirklich fabelhaft. Gar nicht zu vergleichen mit den elenden Mietslöchern im Zentrum, im Norden und Osten der Stadt. Da ist das Hauptzimmer von Tageslicht durchflutet, 25 m im Quadrat. Die Wände sind trocken, wenn auch nicht stark genug, keinen Schall hindurchzulassen. Nur die schlechten und alten Möbel passen nicht in diesen Raum. Sie sind von der alten Wohnung übernommen worden, eine Chaiselongue, ein Ausziehtisch, sechs Stühle, ein Büfett. Die Unkultur der Kleinbürger, die sogenannten Nippesfiguren, sieht man nicht mehr. Auf dem Tisch steht ein großes Kristallglas mit Blumen. Die Tapete ist von hellem Fabton, mit reichlichen Schnörkeln und Verzierungen.

Das Schlafzimmer misst 20 m im Quadrat, mit Doppelbett und zwei Kinderbetten, einem funkelnagelneuen Kleiderwäscheschrank, von einem Warenhaus auf Abzahlung geliefert. Dieses Zimmer bekommt am Vormittag Sonne. Es gibt dann ein Badezimmer mit eingebauter Badewanne, warmem und kaltem Wasser, sehr schmal im Raum, so dass sich nur gerade eine Person bewegen kann. Im Badezimmer befindet sich das W.C.

Komfortabel fast schaut die Küche aus, eingebaute Möbel an den Wänden. Die Kochgelegenheit ist zur Hälfte elektrifiziert, zur anderen Häfte mit Gas zu benutzen. Der Frau Müller steht ein elektrisches Bügeleisen für ihre Wäsche zur Verfügung. Die ganze Wohnung wird zentral geheizt, Röhrensystem. Die Beleuchtung geschieht elektrisch. Die Wohnung besteht noch aus einem schmalen Korridor, fünfzehn Meter im Quadrat, und aus einem winzigen so genannten Kinderzimmer.

(...)

Zeitgenössischer Bericht, 1929

Übung

Diskutieren Sie die Texte: Welche **schichtspezifischen Merkmale** lassen sich erkennen?

vollständige
Texte unter
www.aknw.de
oder
www.akh.de

Arbeiterkind in den Zwanzigerjahren

(...)

Ein Sparbuch oder gar ein Girokonto gab es bei uns ebenfalls nicht. Die Garderobe war bescheiden; man unterschied fein säuberlich zwischen Sonntags- und Werktagskleidung. Frauen, die werktags einen Hut trugen, gehörten zu den »besseren Leuten«. Ich selbst hatte nur ein Paar Schuhe, und so war es selbstverständlich, dass ich von Ende Mai bis Anfang September barfuß ging, wie auf dem Klassenbild des Jahres 1931 zu sehen ist.

Bei uns wurde gekauft, was man eben so bezahlen konnte. Meist musste ich die meinem Bruder zu klein gewordenen Kleidungsstücke abtragen. Gab es für mich mal etwas Neues, ging meine Mutter mit mir zu einem Schneidermeister, bei dem die Arbeiterleute von der Stange kauften. Der wusste, was meiner Mutter vorschwebte. Wenn schon etwas Neues, dann aber so, dass es möglichst lange hielt.

(...)

Eugen Loderer, 1925

»Wildes Siedeln« in Gartenlauben und Schrebergärten (Berlin 1931)

Übung

In fast jeder Stadt gibt es heute noch **Siedlungen der Zwanzigerjahre**. Beschreiben Sie eine davon!

Gibt es noch Erstmieter als Bewohner? Sprechen Sie mit ihnen und versuchen Sie, die Situation der damaligen Bezugszeit zu erfassen! Drehen Sie ein Video über Siedlung und Bewohner. Gibt es im Archiv zeitgenössisches Filmmaterial?

Übung

Vergleichen Sie ein Wohnquartier der **Zwanzigerjahre** mit einem der **Gründerzeit** um 1890. Zeichnen Sie einen Plan, auf dem die Lage von Infrastruktureinrichtungen und die von Arbeitsstätten, Wohnungen, Kultur-und Freizeiteinrichtungen hervorgeht!

Welche Schlüsse lassen sich aus dem Kartenvergleich ziehen? In welchen Punkten hat sich die Situation seit der Entstehungszeit geändert?

Bis zu 330 000 Wohnungen wurden jährlich in Deutschland neu gebaut – bis 1929 die Weltwirtschaftskrise den Zusammenbruch auch des Wohnungsbaus bedeutete.

Danach stieg die Zahl der Obdachlosenwohnungen in Gartenlauben und Schuppen, ja teilweise in selbstgebauten Erdlöchern und Bruchbuden – rund um Berlin schätzte man 1930 rund 170 000 davon! – rapide an und zeigte, dass das System des sozialen Wohnungsbaus bei gleichbleibendem oder gar sinkendem Volkseinkommen gescheitert war. Selbst »Erwerbslosensiedlungen« am Stadtrand, mit Gartenanteil für die Selbstversorgung mit Kohl und Kaninchen konnten die Lage nicht bessern.

Dennoch: Trotz des teilweisen Scheiterns des Wohnungsbaus der Zwanzigerjahre, das darin begründet ist, dass nicht genug preiswerte Wohnungen gebaut werden konnten, bildete dieser die Grundlage für einen sozialen Wohnungsbau bis heute. Seine Prinzipien – »Licht, Luft und Sonne« als Forderung für die gesunde Wohnung der gesamten Bevölkerung – gelten unverändert, seine Siedlungen sind immer noch vorbildlich, weil sie architektonisch etwas erreichen, was wichtiger ist als eine bestimmte Zahl von Quadratmetern pro Person: Sie vermitteln den gesellschaftlichen Anspruch, »eine bessere Welt für alle« zu schaffen.

Fünfzigerjahre – Wiederaufbau und »Stadt für alle«

Am Ende des Zweiten Weltkrieges waren 13 Millionen Menschen in Deutschland obdachlos. Von 18,8 Millionen Wohnungen waren 4,8 Millionen zerstört. Etwa 12 Millionen Flüchtlinge zogen durch Deutschland – die größte Völkerwanderung der Geschichte.

Niemand dachte zunächst an einen systematischen Neuanfang; zu groß war die unmittelbare Not, sich mit Essen und einem provisorischen Dach über dem Kopf zu versorgen. Die sich abzeichnende Teilung Deutschlands tat ein Übriges, die Gedanken zunächst auf praktische Fragen zu lenken. Aber schon bald nach der Gründung der Bundesrepublik und der DDR 1949 wurden entscheidende Weichen gestellt.

Einzug in die neue »Wohnung« (1945)

Wohnen 1947

Familie Josef G., 11 Personen, bewohnt eine Nissenbaracke an der Trierer Straße. Außer der Mutter und dem Familienoberhaupte sind 9 unmündige Kinder, darunter ein Säugling von einigen Monaten, vorhanden. Kurz vor dem Kälteeinbruch im vorigen Winter befand sich die Baracke noch in der Fertigstellung. Ein viel zu kleiner Ofen sollte für die notwendige Erwärmung sorgen. Obwohl sich die Familie in der Hauptsache um das kleine Öfchen lagerte, konnte nicht verhindert werden, dass den Kindern Hände und Füße erfroren sind und sie Aufnahme im Krankenhaus finden mussten. Bei dieser Gelegenheit erfroren auch noch 12 Zentner Kartoffeln. Die 11 Personen verfügten über 6 Betten mit je 1 Decke. Wenn es ihnen zu kalt war, legten sie sich zu 3 Personen in ein Bett. Bettzeug fehlt fast gänzlich. Die ganze Zimmereinrichtung besteht aus Herd, Tisch, Küchenschrank und einem kleinen Schrank, Kleiderschrank ist nicht vorhanden. Soweit die Kleider nicht gerade zum Anziehen benötigt werden, hängen sie an der Wand. Zur Zeit liegt ein Kind mit Lungenentzündung darnieder. (...)

Karte der Kriegszerstörungen an Wohnraum im Deutschen Reich (die Größe der Kreise entspricht der Größe der Städte)

Im Hause Küttenstraße 56 wohnen 6 Familien, meistens Wohlfahrtsempfänger. Hier ist kein Dach, kein Schutz gegen die Unbilden der Witterung. Die Treppe wird auf Pfählen gestützt. Der Sturm, der auf dieser Höhe immer sehr beträchtlich ist, braust mächtig durch alle Räume. Bei schlechtem Wetter müssen die Leute mit ihrer armseligen Habe andere Unterkunft aufsuchen. Bei Regenfall werden alle verfügbaren Eimer und Kessel herausgeholt, um die herabstürzenden Wassermassen aufzufangen. Sanitäre Anlagen sind nicht vorhanden. Die Notdurft wird auf einem Eimer verrichtet, der dann auf einem Müllhaufen entleert wird. Das Wasser muss aus einem Nebenhaus geholt werden.

Sozialbericht der Stadt Aachen, 1947

vollständiger Textunter www.aknw.de oder www.akh.de

Die »Nierentisch-Mode« der Möbel: Leichtigkeit, filigrane Spreizbeinchen, wenig gerade Linien

(Wohnraumgruppe »Form im Raum«, 1955. Architekt: Draeger)

In der Bundesrepublik wurde am 24. April 1950 das »Erste Wohnungsbaugesetz« verabschiedet, 1956 das zweite. Beide waren Grundlage für einen beispiellosen Bauboom im Wohnungsbau mit staatlicher Unterstützung: den »sozialen Wohnungsbau«. In diesen Gesetzen wurde die für viele Jahre gültige Dreiteilung in staatlich geförderten, steuerlich begünstigten und frei finanzierten Wohnungsbau festgelegt. Er sollte breiten Bevölkerungsschichten eine menschenwürdige Wohnung zu erschwinglichen, vom Staat subventionierten Mieten ermöglichen.

In den Jahren des Baubooms, zwischen 1949 und 1973 wurden insgesamt 12,6 Millionen neue Wohnungen errichtet, davon etwa die Hälfte nach den Bedingungen des sozialen Wohnungsbaus; gleichzeitig stieg die Wohnfläche pro Wohnung von 1955 bis 1972 von 61,1 qm auf 86,4 qm bei sinkender Zahl der Bewohner pro Wohnung. Bis heute stieg die durchschnittliche Wohnfläche pro Person auf knapp unter 40 qm!

Auch die Ausstattung der Wohnungen wurde immer besser. Zentralheizung, getrenntes Bad und WC, Einbauküche gelten heute als selbstverständlich; in den Zwanzigerjahren war der Wasseranschluss in der Küche bereits ein Fortschritt! Spätestens seit den Sechzigerjahren gibt es ein in der Geschichte nie für möglich gehaltenes Wohnniveau für alle Bevölkerungsschichten.

Schwieriger als die reine Bauleistung ist die Frage nach der Qualität der Grundrisse, der Ästhetik der Bauten und der städtebaulichen Lösungen zu beantworten. Die Standardwohnung ist bis heute eine nach Vorschriften genormte, an einem häufig nicht mehr der Realität entsprechenden Familienbild orientierte Addition von Einzelräumen. Sie wird vorwiegend nach der Größe bestimmter Möbel entwickelt, nicht nach räumlichen Qualitäten.

Wohungsbaunormen unter www.aknw.de oder www.akh.de

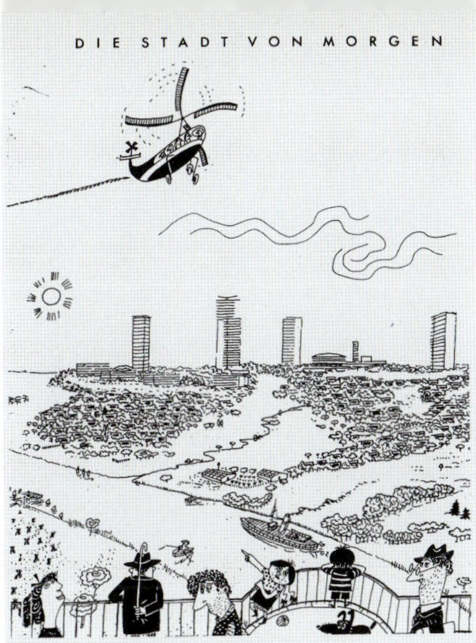

Für die INTERBAU, eine Internationale Bauausstellung 1957 in Berlin, wurde der moderne Städtebau durch prägnante Zeichnungen dargestellt.

Auch die städtebaulichen Leitbilder nach dem Zweiten Weltkrieg werden heute kritisch betrachtet. In einer ersten Phase in den Fünfzigerjahren galt die »gegliederte und aufgelockerte Stadt«, die »Stadtlandschaft« als Ideal; die Häuser sollten anstelle der traditionellen Blockbebauung frei in das Stadtgrün hineingestellt wirken. Das galt schnell als »unstädtisch«. Auch war die Grundstücksausnutzung zu ungünstig, um langfristig finanziert werden zu können. Nach der als Abschluss der eigentlichen Wiederaufbauphase geltenden Internationalen Bauausstellung INTERBAU in Berlin 1957 wurde stattdessen die »Urbanität durch Dichte« zum neuen Schlagwort für die Planer. Die schnelle Folge städtebaulicher Leitbilder zeigt die Unsicherheit, wie denn die neue Stadt aussehen müsse.

Der programmatische Ausgangspunkt der neuen Stadt war unstrittig – die Defizite der Stadt des 19. Jahrhunderts sollten vermieden werden. Der Krieg wurde auch als Chance begriffen, etwas Neues, Besseres zu bauen, eine »neue Stadt in der neuen Demokratie«: »Wie das muffige Denken geistig durchlüftet wurde, so die Wohnquartiere« schrieb ein Planer 1957 euphorisch über die neuen Stadtviertel.

Sennestadt bei Bielefeld: Die Verwirklichung der »gegliederten und aufgelockerten Stadt«, die beim Auto fahren in schwingenden Kurven erlebt werden sollte

(Architekt: Hans Bernhard Reichow, 1956 – 1965)

Großsiedlung Hamburg-Steilshoop: erste Annäherung an den zuvor abgelehnten, straßenbegleitenden Block

(städtebauliche Planung: Candilis, Josic, Woods, versch. Architekten)

So wurde bis Ende der Sechzigerjahre immer noch die »Flächensanierung« ganzer Stadtviertel des 19. Jahrhunderts betrieben, wobei »Sanierung« hieß: Sie wurden abgerissen. Stattdessen entstanden »Trabantenstädte« am Rande der Städte, die heute unter ihrer Monostruktur leiden. München-Perlach, der Osdorfer Born in Hamburg, das Märkische Viertel oder die Gropiusstadt in Berlin, die Nordweststadt in Frankfurt am Main – das sind eigene Städte mit 40 000 bis 70 000 Einwohnern, aber praktisch ohne Arbeitsstätten und daher tagsüber ohne Leben, so genannte »Schlafstädte«.

Monotone Größe ersetzt die vertraute Heimeligkeit. (Karikatur: Marie Marcks)

Die Auseinandersetzung zwischen einem marktwirtschaftlichen und einem planwirtschaftlichen Wirtschafts- und Ideologiesystem zwischen West- und Ostdeutschland führte schnell zu grundsätzlich unterschiedlichen Lösungen im Wohnungs- und Städtebau.

In den ersten Jahren der DDR wurde ein Städtebau betrieben, der, im Westen als »Zuckerbäckerstil« kritisiert, heute vertrauter ist als die Städte der Bundesrepublik gleicher Zeit.

(Eisenhüttenstadt; Chefplaner Kurt W. Leucht , 1953-64)

Die Karl-Marx-Allee in Berlin sollte die Überlegenheit des sozialistischen Systems zeigen: großzügige Wohnungen für Arbeiter mitten in der Stadt.

(Architekten: Henselmann, Hartmann, Paulick, Leucht, Hopp, Souradny 1952–58)

Eines hatte dabei der sozialistische Staat dem westlichen Gesellschaftssystem voraus. Die Verfügungsgewalt über Grund und Boden überließ die Nutzungen innerhalb einer Stadt nicht dem privaten Markt, sondern der Kommune. Es konnten also in den Zentren der Städte der DDR Wohnungen gebaut werden. Ein Verdrängungsprozess wie in den westdeutschen Städten, der bis heute manche Innenstadt praktisch »wohnungsfrei« gemacht hat, weil deren Bau nicht lukrativ genug ist, fand in der DDR nicht statt.

Nach Stalins Tod 1953 wurde aber auch in der DDR der industrielle Wohnungsbau in großen, zusammenhängenden Trabantenstädten zum beherrschenden Thema – das, was heute als »Plattenbau« bezeichnet wird. Hinzu kam die sozialistische Vorstellung von der Wohnung als gesellschaftlichem Gut, das möglichst allen zur Verfügung gestellt werden musste; »Jeder Familie eine sichere, trockene und warme Wohnung« hieß es in einem Parteitagsbeschluss mit der Konsequenz, dass möglichst viele Wohnungen gebaut und möglichst billig den Menschen zur Verfügung gestellt wurden.

Seit Mitte der Fünfzigerjahre wurde der Wohnungsbau auf eine industrielle Produktion in Großsiedlungen umgestellt, die meist am Stadtrand lagen.

(Wohnquartier in der Innenstadt von Dessau mit dem Plattenbautyp WBS 70 errichtet.)

Die vom Staat propagierten Möbel – hier der Montagesatz »Sybille – unterschieden sich in den Sechzigerjahren nicht grundlegend von denen der Bundesrepublik.

Die Folge war, dass viele alte Innenstädte verfielen, weil für die Sanierung kein Geld da war. Die Neubauviertel am Stadtrand mit ihrer ausreichenden Infrastruktur, ihrem im Vergleich zur Altbauwohnung hohen Wohnstandard und der gesellschaftlichen Mischung der Bewohnerschaft bedeuteten so zwar einen Fortschritt. Die zunehmenden technischen Mängel der Bauten belasteten aber das Wohlbefinden darin. Außerdem empfanden die Bürger der DDR den Verfall traditioneller Innenstädte als Verlust.

Schwerwiegendste Folge der Plattensiedlungen war der parallel verlaufende Verfall der Innenstädte, für deren Sanierung kein Geld vorhanden war.

Wohnen im Plattenbau

(...)
Ich wohne seit neun Jahren in Marzahn, 3. Wohngebiet, 3. Bauabschnitt, 4. Stock, 11geschossiger Dreispänner, 33 Familien im Haus, 3-Raum-Wohnung. Als wir – Vater, Mutter, Kind -1987 den Schlüssel zu unserer AWG-Neubauwohnung erhielten, reagierten unsere Urberliner Nachbarn im Weißenseer Hinterhaus entsetzt: »Das weiß man doch, was Marzahn ist, nichts als Äcker und abermals Äcker. Das ist doch kein Ort!«

Vorläufig bewohnte ich eine Baustelle. Das unsere war das erste fertiggestellte Haus des Wohngebiets. Weit in die freie Landschaft beim Dörfchen Eiche vorgeschoben, hatte selbst die Straßenbahn das Terrain noch nicht erobert. Im »Jahrhundertsommer« 1983 stieg ich, um abzukürzen, hochschwanger mit Einkaufsnetzen über die Fundamente der künftigen Häuser der künftigen Lea-Grundig-Straße.
(...)
Aber sonst war es sehr lustig. Man lernte sich kennen. Einem Hausfest folgte das nächste; nach dem Bäumepflanzen wurde abends vor dem Haus gegrillt. Man half sich gegenseitig beim Möbeltragen und Kinderbeaufsichtigen. Den Trockenraum im 9. Stock bauten wir gemeinsam zum Klubraum um – so richtig mit Bar. Die Männer, wenn sie nach ohrenbetäubendem Kampf mit dem Beton ihre Schlagbohrmaschinen niederlegten, trafen sich schon mal zum Skat. Im ersten Jahr gab es vier oder fünf Kinderfeste mit Umzügen durchs Haus, Ständchen und »Bettel« an jeder Tür. Gründerzeit.
(...)
Der Plan zu einem selbstgestalteten Innenhof scheiterte an der »Nichtverfügbarkeit« von Technik für die grundlegenden Drainierungsarbeiten des Geländes. Drei Jahre nach Abschluss der Bauarbeiten blieb uns noch der Anblick einer Baubaracke erhalten – bis in einer Vor-Wahl-Nacht ein Feuer sie verzehrte. Danach ging alles sehr schnell, und TGL-gerecht wuchsen Plansche, Fußballplatz und Spielgeräte aus dem Rollrasen (!). Doch blieben sie am Wochenende verwaist; denn die Kinder spielten längst anderswo – draußen auf den »Grundstücken«, die ihre Eltern zwischen Lehnitz und Zeuthen ausfindig gemacht hatten. Wir hatten uns gegenseitig bei der Errichtung unserer »Datschen« geholfen; ein Rest von Selbsthilfe auf privatem Rückzugsgebiet, weil im Wohngebiet nichts mehr ging. Nicht einmal die Bäume kamen voran, weil ihre Wurzeln auf liegengebliebene Betonreste stießen. Da nutzte alles Gießen nichts. Nur die Bohrmaschinen der emsigen Heimwerker verstummten nie. Innenausbau.

Simone Hain, 1992

Übung

Recherchieren Sie für ihre Stadt **die Zahl der gebauten Wohnungen seit 1949**.

Wie viele davon wurden nach den Bedingungen des sozialen Wohnungsbaus errichtet? Wie hat sich diese Zahl im Laufe der Zeit prozentual (Anteil an der Gesamtzahl) verändert?

Übung

Das Luftbild der Hamburger Großsiedlung Steilshoop (Seite 111) lässt **die städtebauliche Grunddisposition** gut erkennen.

Bewerten Sie räumliche und funktionale Qualitäten und sammeln Sie in der Gruppe Argumente für und wider das Wohnen in dieser Siedlung.

vollständiger Textunter www.aknw.de oder www.akh.de

Die »Stadt für alle« muss nicht »das Gleiche für jeden« bedeuten. Auch ihr architektonischer Ausdruck muss nicht in Massenproduktion münden.

(Wohnungen für das Olympische Dorf in München 1972, Architekten: Heinle und Wischer, oben, und ein gleichzeitig gebautes innerstädtisches Quartier in Köln, Architekten: J. und M. Schürmann)

Beide konkurrierenden gesellschaftlichen Systeme verfolgten ein Ziel, das tatsächlich neu war in der Geschichte: Die Stadt für *alle* Menschen, die Stadt, deren Einrichtungen möglichst *allen* Bevölkerungsgruppen zur Verfügung stehen sollte. Wer aber die menschenwürdige Wohnung für (fast) alle baut, errichtet auch Kindergärten und Schulen, Schwimmbäder und Sportanlagen, Theater und Museen, Bürgerhäuser und Parks. Bis etwa 1980 galten alle diese Aufgaben unstrittig als Verpflichtung der öffentlichen Hand, die sie wahrnahm und subventionierte, um sie möglichst allen Menschen zur Verfügung zu stellen. Die staatliche Subventionierung einer Oper oder einer öffentlichen Bücherei kann man nur begründen, wenn man den Kulturauftrag des Staates für alle akzeptiert.

Heute werden derartige Einrichtungen in ganz Deutschland zunehmend (teil-)privatisiert, die Subventionen abgebaut; auch der soziale Wohnungsbau ist stark reduziert worden. Das private Einkaufs- und Erlebniszentrum tritt an die Stelle des öffentlichen Marktes. Damit nähert sich das Selbstverständnis des Staates und der ihn tragenden Gesellschaft in dieser Beziehung wieder dem des 19. Jahrhunderts an.

Ein Grund, warum die moderne Stadt trotz der großen Vision einer »Stadt für alle« kaum verteidigt wird, dürfte darin liegen, dass sie vielen nicht gefällt. Ein Land, die Bundesrepublik, wurde in wenigen Jahrzehnten praktisch neu gebaut. Die Begeisterung, mit der alles Neue nach dem verlorenen Krieg begrüßt wurde, ist Ernüchterung gewichen – beinahe zwangsläufig. Denn der Mensch braucht eine stabile Umwelt, um sich in einer ständig verändernden Welt zurecht zu finden – auch eine stabile gebaute Umwelt.

Die Kritik gilt allerdings nicht der Wohnung selbst. Wir sind, bei allen Defiziten im einzelnen, im Vergleich zu allen anderen historischen Epochen heute ein »Volk von Luxuswohnern«. Rund 32 Millionen Wohnungen stehen 80 Millionen Menschen in Deutschland zur Verfügung, fast alle mit einem Ausstattungsgrad, der in früheren Zeiten undenkbar war, die Mehrzahl von ihnen nach dem Zweiten Weltkrieg gebaut.

Dass parallel zu diesem Wohlstand die Zahl der Obdachlosen steigt, dass viele Neubausiedlungen der Sechziger- und Siebzigerjahre mit dem Wohnen von »Problemgruppen« verbunden werden, dass es für kinderreiche Familien, Alte oder Behinderte immer noch schwierig ist, eine angemessene und bezahlbare Wohnung zu bekommen, ist dabei unstrittig. Ebenso unstrittig aber ist, dass heute die überwiegende Mehrheit eine menschenwürdige Wohnung besitzt – wobei sich die Maßstäbe hin zu einem bisher nicht gekannten Niveau der Versorgung verschoben haben: Kaum einer muss heute noch mit sechs Personen in einer Wohnung von 40 qm leben. Kaum einer muss heute noch über einen matschigen Hof laufen, um auf eine Toilette ohne Spülung zu gehen – beides war vor weniger als 100 Jahren völlig normal. Wir sollten uns dessen zumindest bewusst sein.

Einige Literaturhinweise

Geschichte des Wohnens in fünf Bänden, herausgegeben von der Wüstenrot-Stiftung Deutscher Eigenheimverein e.V., Ludwigsburg, mit folgenden Einzelbänden:

Hoepfner, W. (Hrsg.): Bd. 1 5000 v.Chr. – 500 n.Chr. Vorgeschichte – Frühgeschichte – Antike. Stuttgart 1999

Dirlmeier, U. (Hrsg.): Geschichte des Wohnens, Bd. 2: 500 – 1800 Hausen – Wohnen – Residieren. Stuttgart 1998

Reulecke, J. (Hrsg.): Geschichte des Wohnens, Bd. 3: 1800 – 1918: Das bürgerliche Zeitalter. Stuttgart 1997

Kähler, G. (Hrsg.): Geschichte des Wohnens, Bd. 4: Reform – Reaktion – Zerstörung. Stuttgart 1996

Flagge, I. (Hrsg.): Geschichte des Wohnens, Bd. 5: Von 1945 bis heute: Aufbau – Neubau – Umbau. Stuttgart 1999

Andritzky, M. (Hrsg.): Oikos. Von der Feuerstelle zur Mikrowelle, Haushalt und Wohnen im Wandel. Gießen 1992

Mumford, L.: Die Stadt. Geschichte und Ausblick (2 Bde.). München 1978

Müller, W. / Vogel, G.: dtv-Atlas zur Baukunst (2 Bde.). München 1974

Reinborn, D.: Städtebau im 19. und 20. Jahrhundert. Stuttgart, Berlin, Köln 1996

Saldern, A.v.: Häuserleben. Zur Geschichte des städtischen Arbeiterwohnens vom Kaiserreich bis heute. Bonn 1995

Selle, G.: Die eigenen vier Wände: Zur verborgenen Geschichte des Wohnens. Frankfurt/Main, New York 1993

Ruhiges und individuelles Wohnen um einen baumbestandenen Hof. Die Erdgeschosswohnungen sind als barrierefreie Altenwohnungen mit unmittelbarem Zugang zu den Rasenflächen konzipiert.

(Wohnanlage Rheinfährstraße, Neuss-Uedesheim, 2000
Architekt: Ulrich Böttger, Köln)

Der Zugang zu den Reihenhäusern findet über eine reine Spielstraße statt – viel Platz für Kinder und den täglichen Schwatz mit den Nachbarn.

(Reihenhaussiedlung Scharnhauser Park, Ostfildern, 2000)

Einfache Konstruktion, kostengünstige Erstellung – trotzdem wird durch individuelle Zugänge, Wohnhöfe, autofreie Spielstraßen und ein Gemeinschaftshaus eine hohe Wohnqualität erreicht.

(Genossenschaftssiedlung Johann-Rieder-Straße, Passau-Neustift, 1989
Architekten: Hermann Schröder und Sampo Widmann, München)

Auch der große Maßstab kann qualitätvolle Lösungen bieten. Dieser Wohnkomplex, bestehend aus sechs acht- bis neungeschossigen Wohntürmen und acht lang gestreckten Zeilenbauten vermeidet Monotonie durch differenzierte Baukörper- und Fassadengestaltungen und ein durchdachtes Farbkonzept. Die begrünten Wohnhöfe zwischen den Zeilen verwandeln sich so in individuelle »Farbräume«.

(Wohnanlage Freischützstraße, München, 2001
Architekten: Otto Steidle und Partner, München)

Neues Quartier auf altem Gelände: Das Französische Viertel in Tübingen entsteht auf einem ehemaligen Militärareal im südlichen Teil der Stadt.

(Wohnanlage »P 14«, Tübingen 1998
Ikarus.Architektur, Tübingen)

Bildquellennachweis

© AEG Hausgeräte, Nürnberg: 103 u.
AKG, Berlin 63, 80, 86 u., 87 o., 87 m., 91 u., 92, 93 m., 102 u.
Artothek, Hans Hinz, Weilheim: 83, 85
Bauhaus-Archiv, Berlin: 100, 104 o.
Bayerisches Nationalmuseum München: 88
Markus Becker, Frankfurt am Main: 41
Berlin Picture Gate/Schmidt, Berlin: 112 u.
bpk, Berlin: 91 u.
Friedrich Busam / architekturphoto, Düsseldorf: 27
Martin Classen, Köln: 96
Uwe Dettmar, Frankfurt am Main: 13 m.
dpa / Heinz Hirndorf, Frankfurt am Main: 25 u.
Fink+Jocher, München: 49 o.
© Freies Deutsches Hochstift, Frankfurter Goethemuseum: 87 u.
Matthias Friedel, GHS, Hamburg: 20 u.
Fransiska von Gagern, München: 119 re. o.
© Generallandesarchiv Karlsruhe, Vorlage und Aufnahme, H Karlsruhe / 22: 86 o.
Gerkan, Marg & Partner (gmp), Hamburg: 20 o.
Roland Halbe, Stuttgart: 28
Henn Architekten, München: 14 u.
Historisches Archiv Krupp, Villa Hügel, Essen. Veröffentlicht mit freundlicher Genehmigung der Alfried Krupp von Bohlen und Halbach-Stiftung: 95 o.
IRS Institut für Regionalentwicklung und Strukturplanung Erkner: 113 o.
Gert Kähler, Hamburg: 13 o., 14 o., 15, 16 m., 16u., 21 f., 22, 25 o., 31, 35, 40, 43 o. li., 48, 49 u., 61 o., 71, 81 o., 84, 94, 104 u., 111 m., 114 u. , 116
© Herlinde Koelbl, München: 7 u, 65
Egbert Kossak, Hamburg: 16 o., 111 u.
Dieter Leistner, Mainz: 57 u.
Krauss Maffei Werksarchiv München: 102 o.
© Landschaftsverband Rheinland, Archäologischer Park / Regionalmuseum Xanten: 78
Elmar Lixenfeld, Frankfurt am Main: 8, 11, 60, 105 li. u.
Magistrat der Stadt Wiesbaden, Planungsamt: 52, 53
© Marie Marcks, Heidelberg: 112 o.
Erich Mehrl / Archiv Mehrl, Frankfurt am Main: 105 li. o.
Constantin Meyer, Köln: 56
Museum der Arbeit, Hamburg: 103 o.
Museum für Hamburgische Geschichte: 97
Museumsdorf Cloppenburg: 62 re.
Neckarwerke Esslingen: 103 m.
Georg Nemec: 26
PicturePress/Corbis/Sean Sexton Collection, Hamburg: 9
Thomas Rohnke: 1, 2
Armin Scharf, Tübingen: 13 u., 118 u., 119 u.
Jürgen Schmidt, Köln: 118 o.
© Siemens Archiv, München: 12 o.
Staatliche Landesbildstelle Hamburg: 108
Rolf Toyka: 11, 113 m., u.
Wartberg Verlag, Gudensberg-Gleichen: 6 o.
Michael Wiedemann, Kassel: 57 o.
Heinrich Zille, Berlinische Galerie, Berlin, VG Bild Kunst Bonn 2002: 10, 90, 93 o.

aus Michael Andritzky (Hrsg.): OIKOS. Von der Feuerstelle zur Mikrowelle. Haushalt und Wohnen im Wandel. Ausstellungskatalog, Anabas-Verlag, Gießen 1992: 6 u., 7 o., 73, 89, 101
aus Hartmut Boockmann: Die Stadt im späten Mittelalter. C.H. Beck, München 1994: 82
aus Peter Faller: Der Wohnungsgrundriss. Entwicklungslinien 1920 bis 1990. Stuttgart, 1996: 67
aus Ingeborg Flagge (Hrsg.): Geschichte des Wohnens, Bd. 5. Dt. Verlagsanstalt Stuttgart, 1999: 61 u., 109, 110
aus Johann Friedrich Geist/Klaus Kürvers: Das Berliner Mietshaus 1862–1945. Prestel, München 1984: 95 u.
aus Wolfram Hoepfner, (Hrsg.): Geschichte des Wohnens, Bd. 1. Dt. Verlagsanstalt Stuttgart, 1999: 75, 76, 77
aus Gert Kähler (Hrsg.): Geschichte des Wohnens, Bd. 4. Dt. Verlagsanstalt Stuttgart, 1996: 107
aus Egbert Kossak/Mirjana Markovic: Hamburg, Stadt im Fluss. Ellert&Richter, Hamburg 1989: 12 u.
aus Terence Riley/Barry Bergdoll (Hrsg.): Mies in Berlin. Prestel, München 2001: 43 re.
aus Heike Risse: Frühe Moderne in Frankfurt am Main 1920–1933. Reihe Beiträge zur Stadtentwicklung, Societäts-Verlag, Frankfurt am Main 1984: 105 re.
aus Adelheid von Saldern: Häuserleben. J.H.W. Dietz, Bonn 1995: 114 o.
aus Alphons Silbermann: Neues vom Wohnen der Deutschen (West). Verlag Wissenschaft und Politik, Köln 1991: 68
aus Witzemann Herta Maria: Farben in der Wohnung. In: Mosaik. Hrsg. v. d. Bausparkasse Schwäb. Hall, 1980: 69

Grafiken: Elmar Lixenfeld, Frankfurt am Main

Textquellennachweis

Felix Eberty: Jugenderinnerungen eines alten Berliners, Berlin 1925
Theodor Fontane: Frau Jenny Treibel oder »Wo sich Herz zum Herzen find't«. Reclam, Ditzingen 1973
Simone Hain: Berlin-Marzahn. Vollkommen subjektive Betrachtungen vor Ort. In: Hans. G. Helms (Hrsg.): Die Stadt als Gabentisch. Reclam, Leipzig 1992
Hartmut Häußermann/Walter Siebel: Stadt und Raum. Pfaffenweiler 1992
F. Hitze: Geburtenrückgang und Sozialreform. In: Ehe und Volksvermehrung 3. Mönchengladbach 1922
Karl-Friedrich von Klöden: Jugenderinnerungen. Verlag für Kulturpolitik, Leipzig 1874
P. H. Chombart de Lauwe: Aneignung, Eigentum, Enteignung. Sozialpsychologie und Prozesse gesellschaftlicher Veränderung. In: arch + , Heft 34, 1977
Eugen Loderer: Arbeiterkind ..., in: Rudolf Pörtner (Hrsg.): Alltag in der Weimarer Republik. DTV, München 1993
Plinius d. Jüngere: Briefe. Übersetzt von M. Schuster, Reclam, Stuttgart 1953
Adelheid von Saldern: Im Hause, zu Hause. Wohnen im Spannungsfeld von Gegebenheiten und Aneignungen. In: J. Reulecke (Hrsg.): Geschichte des Wohnens, Bd. 3: 1800–1918. Das bürgerliche Zeitalter. Deutsche Verlagsanstalt, Stuttgart 1997
Sozialbericht der Stadt Aachen, in: Klaus-Jörg Ruhl (Hrsg.): Frauen in der Nachkriegszeit 1945-1963. DTV, München, 1988
Michael Stolleis: Pecunia nervus rerum. Zur Staatsfinanzierung in der frühen Neuzeit. Klostermann, Frankfurt am Main 1983.
Tacitus: Germania. Übersetzt von M. Fuhrmann, Reclam, Stuttgart 1971
Kurt Tucholsky: Gesammelte Werke. Rowohlt Verlag, Reinbek 1975